JN017232

NHKの英語講座_{だけで}驚くほど英語が話せる勉強法

NHKの英語講座だけで
驚くほど英語が話せる
勉強法

川本佐奈恵

明日香出版社

はじめに

　英語の勉強を始めたいのだけれど、どうやって始めたらよいのかわからない。また、大人になってから英語をやり直し、話せるようになりたい、と思っている方は多いと思います。大人になってから始めて、はたして本当に英語が話せるようになるだろうか？　そう悩んでいる人も多いと思います。

　私が英語の学習を本格的に始めたのは、32歳の時でした。英文科卒ではありませんし、海外留学をしたこともありません。英語の成績も良かったわけではありません。英語関連の仕事なんて、どこか次元の違う、遠い世界の話でした。
　英語とはまったく無縁の専業主婦。3人の子育てをしながら、まったくひとこともしゃべれないところからのスタートだったのですが、今では海外に友人もでき、まがりなりにも英語を教える仕事に就いています。

　しかも、英会話学校に通ったこともありません。**今までやってきたのは、NHKのラジオ英語講座の徹底利用と、公民館の英語サークルの活用だけです。**まだまだ完璧ではありませんし、わからない英語もたくさんあります。
　でも、ほとんど独学で、なんとかコミュニケーションが取れるところまでくることができたのは、今までと学習方法を少し変えたことが良かったのかもしれません。本書では、その過程をすべてお伝えしたいと思います。

　英語は誰でも話せるようになります。次のようなキーをこなせば、必ずあなたのものになるはずです。

・まずは「音まね」から
・文法は、少し話せるようになってから
・毎日がキー
・学習仲間を作る

　いかがですか？　意外とシンプルです。そう！　**英語は、シンプルなことの積み重ねによって話せるようになります。**何歳になってから始めても、決して遅いということはありません。

　英語が話せる人生は、今のあなたを変えることになり、とても壮大で楽しい世界を見せてくれるものになるでしょう。英語で人生を変えてみませんか？

川本佐奈恵

Contents

はじめに

Part 1　英語学習スタート

Part 2

－「続かない」には訳があった－

英語学習を続けるための秘訣

Part 3

今までと違った英語学習法

Part 6　意識改革編

Part 7 私の英語ストーリー

ブックデザイン　大場君人

Part 1

英語学習スタート

1 | あなたはどうして英語が 話せるようになりたいの?

　英語学習を始めようと決心したあなた、「あなたは、どうして英語が話せるようになりたいのですか?」

　この質問は、これから何度も自分に問いかけることになるでしょう。そのたびに理由が変わっていてもかまいません。でも、**いつも心の中にモチベーションを持つことは大切です。**

・英語が話せるとカッコ良いかも
　⇒　カッコ良い自分を演じましょう

・世界に友達を作りたい
　⇒　世界平和に貢献しましょう

・海外旅行に行ったとき便利
　⇒　英語圏で少しでも話せたら、旅の楽しさ倍増です

・憧れのスターに会い、英語であいさつしたい
　⇒　すぐにあいさつできるようになりますよ

・洋楽の歌詞の意味をわかりたい
　⇒　意味がわかったら気持ちが入りますね

・映画を字幕なしで観たい

　⇒　かなりかかりますが、Go, go, go! です

・仕事で英語能力が必要

　⇒　日本人の勤勉さを世界に広げましょう

・日本を訪れる観光客をご案内したい

　⇒　日本の良さ発見につながりますよ

・広い視野を持ちたい

　⇒　英語を学習していく過程で視野が広がります

・自分を変えたい

　⇒　そう、英語はあなたを変えます

　さあ、上記の中で2つ以上の理由が見つかったら、それはもう立派なモチベーションです。英語学習に入っていきましょう。

ポイント

・「英語が話せるようになったらやりたいこと」を
　頭に描こう！

・夢とモチベーションを持とう！

2 | どの教材を選ぶ？ 優れた NHK 語学講座

　さあ、英語の勉強といったら教材選びです。どの教材を選びましょうか？　世の中には、たくさんの英語教材が存在します。あまりにもあり過ぎて、何が良いのか迷ってしまいます。

　私は、NHK の語学講座だけを中心に学習してきましたので、今は、迷うことなく NHK の英語教材をおすすめします。なぜ NHK が良いのか？　3つ大きな理由があります。

・ほぼ毎日放送がある
・様々なレベルの番組があるので、あなたにピッタリの番組が
　見つかる
・講師陣が優秀で、学習者のツボを心得ている

　英語の学習は「毎日」がキーとなります。毎日少しずつ続けてこそ、英語は話せるようになります。

　NHK の番組は 15 分番組がほとんどです。実際には、月曜日〜金曜日だったり、週に 3 回だったりしますが、ともかく、**「毎日聞く」「毎日学習する」の習慣化が必要です。**それには、決まった時間に始まる NHK の語学講座を生活の一部にすると、あなたの英語力は飛躍的に伸びるのです。

英会話初級者から上級者向けまで様々な番組があります。番組の内容もいろいろありますし、雰囲気もひとつひとつ違います。あなたにピッタリの教材が必ず見つかるはずです。

講師陣も優れた人ばかりです。番組に一緒に登場するネイティヴ・イングリッシュ・スピーカーも知的で魅力的な人たちばかりですので、ひと通り番組を聞いてみて、「楽しい！」「これ！」というものを見つけましょう。

ポイント
・英語の学習は「毎日」少しずつ続けよう。
・NHK の英語講座を聞いて学習する習慣を。

3 「英語が話せるようになること」を目標にしているなら会話番組を選ぶ

　普通の学校を卒業し、普通の生活をしている人が英会話を目指すのであれば、迷いなく「会話番組」を選びましょう。

　英語がまったくわからないから基礎英語から、と考えがちかもしれませんが、**話せるようになりたかったら、実際にダイアログと呼ばれる、登場人物たちが会話しているものを選ぶと近道です。**

　英語、日本語訳のセンテンスが羅列されているものよりも、ちょっとした物語ふうになっているストーリー性があるものを選ぶと楽しいですし、**情況を浮かべやすく、苦もなく続けることができます。**

　あとは、登場人物になり切って、ひたすらせりふの練習をするだけです。テキストは台本、あなたは俳優（女優）です。

　会話練習を1年ほど続けたあとに、サブ教材として基礎英語を同時に学習すると、基礎がしっかりと学べます。

　基礎から始めるのではなく、**まずは、会話を、そのあとに基礎を押さえる、という順番にすると良いのです。**

　いきなり会話はちょっと無理なんじゃないの？　やはり、単語力を上げなくては…、文法を基礎から押さえなければ…と思っていた時代もありましたが、それでは一向に学習が進みませんでした。

　思い切って、会話だけに特化して、ひたすらまねして練習したら、道が開けたのです。

> **ポイント**
> ・ストーリー性のある「会話番組」から先に聞いて
> 　みよう。
> ・まず「会話」、次に「基礎をおさえる」という順番で。

4 | 基礎英語や初心者向けの会話集、実は中級者以上がおさらいに使うと効果的

「英語がまったくわからないから、基礎英語から始めよう」と思いがちですが、ちょっと待ってください。今まで何度、基礎英語に手を出したことでしょう。そして続かず、途中で挫折してしまったことでしょう？　今までと少し違った方法をとってみませんか？

　大人になってからのやり直し英語の場合、基礎英語は、実は少し会話ができるようになった頃、戻って学習すると乾いた砂に水が染み込むように理解できます。

　順番を変えるのが成功の鍵でもあります。スタートは基礎英語からではありません。**スタートは、会話文、そして、のちに基礎英語で土台を固めるのです。**

　同じように、日常でよく使える身近なセンテンスが並んだ、どちらかというと初心者向けのテキストがあります。これも実は、英語中級者以上が自分の会話力の増強のため、あるいは、おさらいや実力のチェックのつもりで使うと非常に効果的です。

　たくさんの使えそうな、「これが英語で言ってみたかった」というフレーズが並んでいるので、手に取りやすいのですが、やはりスタートはそこからではありません。

　思い切ってやり方を変えてみましょう。そうすると道が開けます。**会話がダイアログ形式になっているものを手にして、そこから始めます。**

　もうひとつの大切なテキスト選び、それは講師との相性です。聞いていて楽しいと思う番組、肩の凝らない番組を選ぶのが一番です。

ポイント

・少し会話ができるようになった頃に「基礎英語」を学ぶと理解しやすい。

・初級者向けのテキストは、実は中級者以上の学習に効果的です！

---

5 | ラジオとテレビ、英語力を伸ばすのはラジオ

　語学番組はラジオとテレビ、両方あります。どちらが学習に向いているのでしょうか？　**ズバリ、ラジオです。理由は簡単、音声に集中できるからです。**

　テレビは動画があるので楽しいですし、わかりやすいです。しかし、この「わかりやすい」というのがくせもので、わかったような気になって終わってしまいがちなのです。

　その証拠に、画像が消えたところで、何を話していたのか英語のセンテンスを思い出してみてください。さあ、何個のセンテンスが言えるでしょうか？

　ただ観ているだけでは、英語力はつかないのです。これは、聞くだけでは実にならないこととも重なりますが、聞くだけではダメな理由は、また別のところでお話ししますね。

　テレビは気持ちが落ち込んでいるとき、モチベーションを上げたいとき、とにかく楽しみたいときに利用します。

「あぁ、あんなふうに話せるようになりたいな」
「このセンテンスのときは、こんな表情で話すと通じやすいのか」
など、画像を通して気持ちを高めたり、口の形や表情を学んだりするには適しています。

もうひとつの大きな要因：

ラジオの録音音声は持ち歩いたり、イヤホンを使ってどこでも聞いたりすることができますが、テレビは観るところが限定されてしまいます。もっとも最近ではスマートフォンを使い、電車やバスの中で動画を観ている人もいますが…。

歩きながら、走りながら、家事をしながら、草取りをしながらなど、録音した音源とポケットさえあれば、いつでも集中できるのがラジオ番組の強みです。

Part 1

英語学習スタート

ポイント

・ラジオ講座は「音声」に集中できる！

・テレビ講座は「口の形」を確認できて、話すときの「表情」も学べる。

6 | NHK ラジオ講座を聞く方法

　昔は、ラジオをかけて聞くのが当たり前でした。時間になると
ラジカセの前に行き、番組が始まるのを待ち、ポチッとカセット
テープの録音ボタンを押したものです。そんな化石のようなお話
は置いておき…、時代は変わりましたね。

　最近では、便利なものがあります。**スマートフォンの利用**です。
すでにご存知の方も多いとは思いますが、ここでは、代表的な 2
つのものをご紹介しましょう。

●らじる★らじる

　NHK ラジオ「らじる★らじる」はインターネット版のラジオです。

　NHK ラジオ第 1、NHK ラジオ第 2、NHK-FM を PC はもちろ
んのこと、アプリをダウンロードすれば、タブレット、スマート
フォンで聞くこともできます。もちろん無料。

　インターネットを通した音源ですので、雑音が入らず、音声が
非常にきれいです。いったん、インターネットラジオを聞いてし
まうと、もう昔のラジオに戻れなくなってしまいます。あの、ジー
ジー、ガサガサという音が入らず、クリアな音でストレスなく音
に集中することができます。

「聴き逃し」機能もありますので、すでに終了している番組も、も
のによっては聞くことができます。(語学番組は 1 週間前の放送分)

● NHK ゴガク

　前述の「らじる★らじる」はラジオ番組の生放送、実際に放送されているものをその時間帯に聞くことができます。

　こちらは、語学番組に特化したインターネットサイト、あるいはアプリで、前の週に放送されたものが集約されています。つまり、1週間遅れで番組を聞くことができるのです。

　1週間経つと、また次の週のものが上書きされます。毎週月曜日の午前に書き替えが行われます。これを**ストリーミング**と言います。

　驚くなかれ、海外にいても、このアプリを利用して番組を聞くことができるのです。出張先でも留学先でも旅行中でも英語学習ができます。

　このようにテクノロジーの進化により、「あっ！　録音し忘れた」「番組がやっている時間帯は忙しいから放送を聞けない」などという言い訳はできなくなりました。

ポイント
・スマートフォンを活用しよう。
・好きなときに何回も聞けて便利。
・英語学習はいつでもどこでもできる！

7 | ラジオ講座の番組を録音する

　NHKのラジオ講座、録音は必須です。録音した音声を何度も何度も繰り返し聞くところから学習は始まります。

　では、録音はどうしたらいいのでしょう？　録音方法はいろいろありますが、ここでは、私が知っているもの、実際に使っているものをご紹介いたします。

　昔は、ラジオ付きICレコーダーというものを利用しました。最近では、やはりインターネットやスマートフォンのアプリを利用します。

●録音ラジオサーバー（アンドロイド用アプリ）

　私はアンドロイドのスマートフォンを使っていますが、これは絶対に便利です。予約しておくと、放送時間に録音をして、ファイルをスマートフォンの中に作っておいてくれます。あとは、都合の良い時間に聞くだけです。

●らじれこ（PC 用録音）

PC にダウンロードし、起動させておくと、予約時間に番組を録音しておいてくれる便利な機能です。

私は、これを使って予約録音をし、のちに IC レコーダーやスマートフォンにファイルを移動して活用しています。

ここで紹介した録音用アプリやソフトウエアは、たくさんある中のごくごく一部のものです。探すと他にもいろいろありますので、検索をかけてみてくださいね。

ポイント
・ラジオ講座の録音は必須！
・スマートフォンのアプリや PC の便利な機能を活用
　しよう。

8 | 録音ファイルの徹底利用
便利グッズ

さあ、ここからが肝心です。

**録音した音声をどのように活用するかで、英語が話せるように
なるかならないかが決まってくると言っても過言ではありません。**

録音した音声ファイル、あるいは1週間遅れで始まるストリー
ミングは、擦り切れるほど聞き倒しましょう。

何度も繰り返し聞くわけですが、まずは、一度、通しで番組を
聞きましょう。

2回目からは、番組を最初から最後までをすべて聞く必要はあ
りません。大事な部分や核となる部分だけを繰り返すのですが、
そのためには、早送り機能、必要な部分まで飛ばすスキップ機能
が付いた機器があると便利です。

ICレコーダーに音声が入っていれば、早送り、遅聞き、ある
一定の箇所から別の一定の箇所までを繰り返し聞くことのできる
AB間繰り返し機能、特定の箇所までポーンと飛んでくれるスキッ
プ機能などが付いているので便利です。

スマートフォンでもこの機能を持ったアプリがあります。ここ
では、私が使っている無料のアプリをご紹介します。

● Audipo（音楽再生ソフト）

・マークを入れると、聞きたい場所へポーンと飛ばすことができます。
・同じ場所を繰り返し聞くことができます。
・音声を速くしたり、逆に遅くしたりすることができます。

　本書で紹介しているグッズやアプリは、ごく一部です。日々進化しているので、検索すればたくさん見つかるでしょうし、さらに便利なものがこれから出てくるかもしれませんね。

　私が今、一番ほしいのは、NHK の語学番組を自動予約録音してくれて、その場で再生、スキップ、繰り返し、遅聞き機能が付いているものです。

　今現在は、PC に録音したファイルを普通の IC レコーダーに移動して活用していますが、中には PC で自動録音したファイルをiTune に入れたり、クラウドに預けて、そこから自分のスマートフォンの中に移動したりして、上記の音楽再生ソフトを使って練習している人もいるようです。

　このように**英語学習にまつわるグッズは日々変化しています。しかし、変わらないのは学習方法です。**
「毎日」「音に集中する」「音声をそっくりまねるところから始める」、それが基本です。

Part 2

―「続かない」には訳があった―
英語学習を続ける
ための秘訣

1 | 英語講座の番組は 1本に絞る

　私は、NHK のラジオ英語講座を中心に、というか、ほぼ、それだけで勉強してきました。こうして学習方法をシンプルにすることが成功のひとつだったと今気づいています。

　英語学習は、4月になるといつもやる気になる。「今年こそは」と意気込んでみる。しかし、**長く続かない。そんな人は、あるひとつの特徴を持っています。それは、番組を何本も聞き続けてしまうということです。**

　本屋さんをのぞいてみると、たくさんの本が並んでいます。あれもこれも楽しそうですし、やってみたくなるのは人間の本来の姿でしょう。

　特に英語をやる気になって燃えているときは、手頃な値段で買える NHK のテキストブックだけに、2冊、3冊…、気がついてみると複数のテキストを手にして帰って来るという人はいませんか？

　実は、これ NG です。ひとつ15分の番組を3本聞いたとします。それだけで45分。ここで満足してしまうのです。多少の復習を入れたとして、1時間近く英語を勉強した「つもり」になってしまいます。

　数ヶ月が経って、気がつきます。毎日、こんなに英語を勉強しているのにちっとも伸びていないぞ…。それもそのはず、**番組を聞いただけでは英語は話せるようになりません。**

　番組は1本に絞り、そのテキストを徹底的に使い倒すことにより、英語力は伸びるのです。

　自分の学習の中に組み込みたい番組は1本に絞りましょう。サブとして、もうひとつくらいの番組を聞くのは良しとしても、**メインの番組は絶対に1本です。**
　メイン番組を中心として何度も繰り返し練習すると、良い結果が生まれるのです。

ポイント
・英語講座の番組をいくつも聞くと、続かない！
・たくさんの教材使用は NG ！
・「1つの講座」「1冊のテキスト」を使い倒そう。

2 | 大事な部分は最初の約1分間、ここを活用する

さて、長続きさせるためのもうひとつのポイントです。

15分の番組をひとつ決めたとします。この番組を活用し、たくさん繰り返し練習するのがポイントなのですが、15分間をびっしり何度も聞こうとしていませんか？

番組を1日に2回、3回と聞くと、それだけで、もう気分はいっぱいいっぱいになってしまいます。「ああ、勉強した」という気持ちにはなりますが、それだけでは足りないのです。

15分間番組を通して聞くのは1回でいいでしょう。
「え？　一度だけでいいの？」とお思いですか？　そうなのです。実は、番組のすべてを2回、3回と聞くよりも、もっと良い方法があるのです。

番組の中で繰り返し練習してほしいのは、最初のダイアログの部分、ほんの数十秒から1分程度のものです。残りの14分は思いっきりバッサリ捨ててしまってかまいません。
大抵、冒頭のページにある会話のやり取り部分です。その部分を徹底的にまねして自分のものにしてしまうのです。

　実は、ここが一番大事な練習方法で毎日やってほしい部分なのです。登場人物になりきって、感情を込めて、テキストを見なくても、同じようにしゃべれるようになったら、その日の練習はおしまいです。

　1分間を活用し切るのです。**1分間のダイアログを頭の中に音声が残るくらい聞き込み、そっくりそのまま再生する。**ここが英語学習の基本中の基本です。

ポイント
・最初の約1分間を徹底的に「まね」しよう！
・15分間の番組を通して聞くのは1回。

3 | 溜まってしまった教材は
思い切って断捨離

　英語学習をしていると、音声ファイルが溜まったり、テキストが溜まったりします。

　特にNHKの講座は毎日番組がありますので、聞き忘れたり、勉強できなかったりする日もあるでしょう。ふと気がつくと、1週間分の録音が溜まってしまった…ということがあるでしょう。

　繰り返しになりますが、**英語学習は「毎日」が勝負です。**毎日少しずつやるのが基本ですが、それでも人間、さぼってしまったり、事情によっては、できなかったりすることがあります。

　さあ、聞かずに溜まってしまった音声や教材、どうしましょう？次の週にやりますか？

　いいえ、思い切って捨ててしまってください。実は、ここ、ポイントです。

　できなかった教材がそこにあると、「あぁ～あ、どうしてやらなかったのだろう？」と罪悪感が生まれてきます。そして、できなかった分を取り戻そうと焦ります。きちんとやらなかった自分を責めることになります。

　これらのストレスを溜め込む必要はありません。
「発生しそうなストレス」と「溜まった教材」は気持ちよくサヨナラして問題ありません。

どうしても教材を捨てられない人は、記念にどこかにストックしておいてもかまいませんが、そのあと、使う人がどのくらいいるでしょうか？

NHK のラジオ講座は毎日新しいものが次から次へと放送されます。**今日を第一日目と思って、新鮮な気持ちでスタートさせたほうが得策というものです。**

もちろん、お部屋に十分な収納場所があり、何年後かに「ほぉ〜、こんなにたくさん勉強してきたんだ。私は偉い！」と思うためにコレクションなさるのなら止めません。もしかしたら将来プレミアムがつくかもしれませんしね。

録音した音声はどうするのか？　2週間以上は溜めません。思いきって消去です。

毎回、新鮮なものに取り組んでいきましょう。「2週間前のあの番組、まだ聞いていないからなぁ〜」と思っても、バッサリ切り捨ててしまって大丈夫です。

この思い切りの良さも、実は長続きの秘訣です。過去は振り返らない、将来だけを見ていきましょう。

ポイント
・「今日が1日目」と思って新鮮な気持ちで再スタート！
・溜まってしまった罪悪感とストレスにサヨナラしよう。

4 毎日がキー 「週1回3時間」よりも 「毎日30分」

1日にどのくらいの学習時間が必要なのでしょう？

まずは、15分〜30分間を習慣にしてみませんか？ 週末のほうが時間をとれるからと、土日にきっちり勉強時間をとり、3時間集中するよりも、**毎日30分集中するほうが効果的です。**

一流のアスリートたちは、一日も欠かさず**毎日練習、訓練を積むから一流になれたのです。**音楽家もそうです。ピアニストやバイオリニスト、楽器に触れない日があるでしょうか？ マラソン選手、走らない日があるでしょうか？

英語学習も同じです。**毎日少しずつの積み重ねが大きな飛躍を生むことになるのです。**

私は一流な人たちとは違うから…という声も聞こえてきそうですが、そんなときは、こう考えませんか？ 今から一流になりましょう。いえ、世間で評価される一流ではなく、自分の中での「一流の日」を作るのです。

今日は、あなたの人生の中で、今までよりも頑張った日、きっちりやった日。これを続けていけば、本当の意味での一流が見えてきます。

　毎日の学習 15 分が 30 分になり、30 分が 2 時間になるのは決して難しいことではありません。

　時々、「一日にどのくらい勉強したのですか？」と聞かれることがあります。毎日、最低 30 分。平均 2 時間を集中する時間としてきました。

　私は英語学習歴 20 数年ですが、今でもこの作業は続けています。時々は、4 時間くらい英語に集中していることも珍しくありません。

　ずっと集中していなくてもいいのですよ。30 分だけ集中し、あとは、英語のニュースを聞き流してみたり、英語の音楽を聞いて楽しんだり、映画やドラマを観る。
　英語に触れる時間を増やしていきましょう。

ポイント
・まずは毎日 15 分〜 30 分、やってみよう。
・英語にふれる時間を少しずつ増やしていこう。

5 | 時間ができたらやるのではなく、とりあえず始めてしまう

　英語学習に限らず、何でもそうですが、時間を作ってやろうと思うと、なかなかその時間が取れません。

「時間は作るものです」という言葉もありますが、その「作る」のがなかなか大変なのですよね。ですので、あらためて時間を探すのではなく、**とりあえず、始めてしまいましょう。**

　とりあえず、テキストを一冊だけ用意して、とりあえず、時間になったら番組を聞いてみてください。わからなくてもかまいません。

　英語の音にうっとりとし、出演者の声にうっとりとし、その先は、英語がペラペラになった自分を想像して、またうっとりとしてください。

　最初はこれで十分です。あとは、この「うっとり」とした気持ちを毎日心に浮かべながら、口パク練習を始めます。とにかく**音声を聞いてまねをするのです。**

　英語が上手に話せる自分を想像しながら、ひたすらに「まね」です。どんなふうにまねをするのかは、のちに「音まね」の部分で詳しく述べます。

　一日にほんの数センテンスをまねするだけでも立派な英語学習となります。時間を無理に捻出しようとせず、**気を楽にして、とにかく音声を聞き、口を開く、そこから始めたら、きっと成功しますよ。**

6 | 英語学習仲間を作る

英語学習の仲間を作ると長続きします。

　同じ番組を聞いている人たちで集まって、週に一度、練習の機会を設けると完璧です。最近では Zoom などのオンラインを利用すれば、いつでも集まることができるようになりました。

　モデレーターという仕切り役がいると理想的でしょう。モデレーターは、誰かリーダー的な人がやってもいいですし、みんなで順番にしてもいいかもしれません。

1週間聞いてきた番組を、テキストを見ずにやり取りをするのです。これだけで英語力は伸びます。

　英語は孤独な作業の積み重ねです。ひとりで勉強し、長続きさせるのは、かなりの努力が必要です。

　英語学習の仲間がいたら、落ち込んだときに励ましてもらうことができますし、逆に、「英語なんてもうイヤになっちゃったな」という人がいたら、「わかるよ、その気持ち」と共感してあげ、「でも、もう少し続けてみようよ」と声をかけ合うことで挫折を回避することができます。英語がイヤになってしまったと言いながら、本当は、やめてしまうのもイヤなはずなのです。

　レベルは同じでなくても大丈夫ですよ。むしろ、**違ったレベルの人たちが混じり合ったほうが、上達は早いです。**これは私の長年のティーチングから感じることです。次で説明しますね。

7 | プライベートレッスンよりも
グループレッスンが伸びる

　英語を長年教えさせていただきながら、ある時、気がついたことがあります。

　それは、**プライベートレッスンを受けている人よりも、グループレッスンを受けている人のほうが英語の伸びが早い**ということです。どうしてなのでしょう？

　通常は、プライベートレッスンでびっしりレッスンを受けたほうが早く上達するような気がしますよね。

　ところが、プライベートですと当然1対1のレッスンになりますので、先生は、生徒に合わせた授業をします。その生徒がすでに知っている単語を選び、生徒にわかりやすいように会話する傾向があります。

　一見それで良さそうなのですが、実はこれが能力を伸び悩ませてしまう原因にもなります。

　生徒側も先生と楽しく会話ができているので、英語がわかったような、上達したような気持ちになり、そこでストップしてしまうのです。

　より難しい課題を出し、それをこなしていけば良いのかもしれませんが、もし、生徒さんが学習をさぼって英会話スクールに現

れたとしても、そのままレッスンは続行します。

　グループレッスンですと、他の人たちがいます。自分だけ学習をさぼったまま出かけることができません。**このプレッシャーが実は英語力を伸ばすのです。**

　また、同じクラスの中に自分よりも英語が上手に話せる人が存在すると、「あの人のようにしゃべれるようになりたい」という目標ができます。

　また、明らかに英語力は自分のほうが上だと思っているところへ、下だと思っていた人が着実に学習を続け、ヒタヒタと迫ってくると、「まずい、このままだと追いつかれてしまう」と焦り、さらに勉強するようです。

　このような相乗効果が、プライベートレッスンよりもグループレッスンを受けている人のほうが、伸びが早い理由となるようです。

　しかも、レベルはまちまちの人たちが集まったほうが、同レベルの人たちが集まるよりも、より早く上達します。

Part 2　英語学習を続けるための秘訣

ポイント
・グループレッスンの「プレッシャー」が英語力を
　伸ばす。
・メンバーの英語レベルが異なるほうが刺激を受けて
　会話力が伸びる。

8 | 日本人同士で英語を練習

　英語を練習するのならネイティヴと話さなければ、と思っていませんか？

　なかなかネイティヴが見つからないから、良いネイティヴがいないから、と思っていると先延ばしになってしまい、その結果、英語の上達も遅くなってしまいます。

　日本人同士で英語を話してみませんか？

　ネイティヴの前なら英語は話せるけれど、日本人の前では話せない、という声も時々聞きます。しかし、そこを乗り越えない限り、英語は伸びないと思いましょう。

　日本人同士で間違った英語を話しても悪循環になるだけ、と思いますか？

　実は、そんなことはありません。**間違い英語を話しながらでも上達することはできます。**なぜなら、たとえそれが間違い英語であったとしても、**英語を口から出すことが一番重要だからです。**

　不思議なことに英語を話してみると、「ああ、あそこはもっとこう言えばよかったんだ」「ここ、文法的におかしかったかも」と気づくのです。

　また、仲間で話しているので、他の人が「こっちの言い方はどう？」と提案することもできます。ここではお互いにサポートする気持ちが必要です。

　英語を使って世界の人とコミュニケーションをするということは、相手を理解するということです。お互いを尊重し合い、違いを楽しみましょう。

　世界の人と会話を楽しむことができるのなら、目の前にいる日本人のことも理解し、尊重することができるはずです。

　本当の英語の達人は、自分よりも英語力が劣る人を決してバカにしたりしません。

　なぜなら自分自身もその道を通って来たからです。つまずき、失敗し、挫折を繰り返してきています。だから英語発展途上にある人の気持ちもわかってくれます。

　日本人同士で英語を話すことで、上達への道が一歩確約されるといってもいいでしょう。

ポイント
・英語を「口から出すこと」が大事。
・日本人同士で提案して、お互いにサポートできる。

9 | 最低 3 年はかかります

　どのくらいで英語は話せるようになるのでしょうか？

　これも世間の誇大広告に惑わされないでくださいね。**数ヶ月では、決して話せるようになりません。**もちろん、簡単なあいさつ程度であれば、数ヶ月あれば十分です。

　しかし、私たちが考える「英語が話せる」というレベルは、自分のことが話せて、相手の言うことが聞き取れて、それに返答ができるということかと思います。**最低、3 年はかかると思ってください。**

　毎日練習して 3 年です。毎日練習しなかったら、3 年が 5 年になり、8 年になり、ふと気づくと 10 年経ってしまっていた…ということになるかもしれません。

　でもがっかりしないでくださいね。**続けている限りは上達します。年齢に関係なく、何歳から始めても上達します。**

　自分の英語が思ったように上達しないが故に、もう無理かもしれないと学習をやめてしまいたい気持ちが沸き上がってきたら、思い切って、その気持ちを捨て去ってください。

　私は、あるとき、英語の上達をあきらめたことがありました。**英語の上達そのものはあきらめたのですが、英語を口から出す練習だけは続けました。**英語がわかろうがわかるまいが、とにかく

「ひとりものまね」をしたのです。

　一切の上達をあきらめ、ものまねを続けるようになった結果、話せるようになったなんて、なんとも皮肉な話ですが、事実です。

　早く話せるようになりたいと、焦れば焦るほど、話せない現実に突き動かされ、あきらめの境地に入ってしまうのかもしれません。

　人が 3 年かかるのなら、私は倍の 6 年かかるかもしれない、それでもいいではないか…と思い始めた頃から少しずつ英語が口から出てくるようになりました。

ポイント
・続ける限り、何歳から始めても上達する。
・英語を「口から出す」「まねする」をとにかく続けると話せるようになる。

10 いい加減のすすめ
6割7割わかれば良し

　まじめ過ぎると失敗します。

「英語学習は1から10までをきっちりとやらなければ」とか、「溜まった教材をこなさないと…」とプレッシャーをかけると、途中でイヤになってしまいます。自分に課した課題をこなせないことなんて、しょっちゅうあります。

　意味がわからないときは、とりあえず「音」だけをまねしておきましょう。

　完璧にすることはありません。6割～7割できていれば良しとして、次に進んでしまいましょう。

「1＋1」が2になる数学と違って、**英会話の場合は、「1＋1」が3になったり、1.5になったりします。**時々は、マイナスに感じることさえあります。答えもひとつではなく、何通りかあるのが普通です。

　わからないことに遭遇したときは、細かいことにこだわったり、突き詰めたりせずに、「まあ、いいか。そのうちわかるようになる」と割り切って向き合うことが必要です。

　私は、これを「いい加減のすすめ」と呼んでいます。決して怠惰な「いい加減」ではなく、程良い「良い加減」だと思うといいでしょう。

11 | 英語の進歩は「坂道カーブ」ではなく「階段状」

英語の進歩は坂道カーブを描かないのです。時には長い、長ぁ〜いプラトー（plateau）・平坦な道を歩むことになっています。これを知っておかないと、途中でイヤになって挫折の原因となります。

英語の伸びは、なかなか自分の目には見えないものです。自分がどれだけ進歩したのか、皆目見当がつきません。

英検を受験してみたり、数字でスコアがわかる TOEIC® テストを受験してみたりするのは、自分の実力を確かめたいからでもあります。

英語の進歩は階段状です。毎日練習していると、あるとき、ふっと階段を一段上っている自分に気づくときが必ず来ます。

しかし、この階段を一段上るためには、かなり長い平坦な道を歩かないといけないのです。ときには、暗いトンネルの中を歩いたり、まるで坂道を下っているのではないかと思ったりするときさえあります。

それでも歩みを止めずに足を一歩一歩前に出さないといけないのが英語学習なのです。

次の階段はすぐそこにあるのに、見えて来ない。そこで学習をあきらめてしまう人が何と多いことか。

自分の英語が全然進歩していないと感じたときは、こう考えてください。
「今は、平坦な道を歩いているとき。次の階段はもうすぐ。とにかくもう一歩、足を出してみよう」と。

それでも苦しいときは、ちょっと休憩。

　後ろを振り返ってみてください。結構高いところに上ってきたと思いませんか？

　全然英語がわからなかった自分、How are you? と聞かれても返答ができなかった自分。

　今は、I'm good. という返答がサッと返せるようになっているのではありませんか？　自己紹介を英語で、できるようになっているのではありませんか？　以前よりも聞き取れるようになっているのではありませんか？

　ほら、首を縦にふっているあなたの姿が見えますよ。

　英語は続けている限り、必ず伸びます。平坦な道を歩いているときに、あきらめるなんて考えないでくださいね。

ポイント
・「平坦な道」から「階段状」に必ず進歩していきます。
・あなたの英語は以前よりも伸びていますよ。

12 | 英語学習は、穴の空いた バケツに水を注ぐようなもの

英語学習は毎日続けていると効果が表れます。

ただし、毎日学習していないと、ストックが減るのは早いです。つまり、穴の空いたバケツに水を注ぐようなものなのです。注ぎ続けていないと、底からチョロチョロと流れ出してしまうのです。

これも続かない原因のひとつかもしれません。空いている穴をピタッと塞ぐことができればいいのですが、残念ながらその技は誰も持ち合わせていません。

しかし、穴を小さくすることはできます。少しずつで良いので毎日注ぎ続けるのです。やがては、バケツの表面から水があふれ出る日がやってきます。ここまで来ると、あふれ出る水をもっと見たくなり、さらに水を注ぐことになるでしょう。

想像してみてください。バケツの淵からきれいな水があふれ出る瞬間を。待ちましょう、その日を。

水（英語学習）を注ぎ続けながら、英語という聖水が溜まっていき、あふれ出したら、もうこっちのものです。

あとは、毎日同じことを繰り返すだけです。生活の一部にしてしまえば、水を注ぎ続けるのも苦にはなりません。

Part 3

今までと違った
英語学習法

1 | 英語学習は「まね」から

英語学習は、どこから始めたらよいのでしょうか？
答えは簡単です。**「まね」からです。**

英語は実に単純な簡単なことの積み重ねで話せるようになります。単語の意味を覚えるところからではなく、文法の勉強からでもなく、出来上がっている**センテンスをそっくり「まね」することから始めると、英語は早く話せるようになります。**

語彙の増強や文法は、そのあとの作業となります。おそらく、1年後くらいからです。それまでは、ひたすらにまねすることを徹底しましょう。

学習方法がわからない人は、これを信じて今日から実行してみてください。言いたいセンテンス、話してみたいセンテンスを、そのままそっくり、徹底的に「まね」するのです。

自分が今まで勉強してきた英語、学校英語はいったん忘れて大丈夫です。
すべてスッカラカンにして始めるといいですよ。どうしてかというと、**「学校で習ってきた英語」と「実際に世の中で話されている英語」には違いがあるからなのです。**

　これはあとで発音に関するところでも述べますが、**「書かれて
いる英語」**と**「聞こえてくる英語」**にも違いがあります。

　手っ取り早く英語を話せるようになりたかったら、徹底的に
まねをしましょう。カラオケで歌を歌うときがヒントになるか
もしれません。

　旋律をまね、音の高低をまね、スピード、抑揚をまねるのです。
こうすると、発音も良くなりますし、伝わる英語を話せるよう
になります。

Part 3　今までと違った英語学習法

ポイント

・フレーズをそっくり「まねる」練習を！

・単語と文法はそのあとに。

---

2 | 口から出す回数は 100回を目標に

　まねをするとして、どのくらい口から出したらいいのでしょうか？

　2回、3回？　いえいえ、それでは練習したとは言えません。

　10回、20回？　いえいえ、もっとです。

　えーい！　50回！　うーん、いい線になってきましたが、もうひと声です。

目標は、100回です。

　ひとつのセンテンスを80回、口から出すと、覚えようとしなくても口の筋肉が英語を覚えてくれるらしいです。つまり、**脳に覚え込ませるのではなく、口の筋肉に覚えてもらう**ということです。

　ちょっと筋トレに似ていますね。理屈で覚えるのではなく、身体に覚えてもらうのです。

　例えば下記のような例文があったとします。

(1) A: What are you going to have for lunch?
　　　　お昼は何を食べるの？

(2) B: I haven't decided yet. How about you?
　　　　まだ決めていない。君は？

(3) A: I think I'd like some noodles.
　　　　何か麺類が欲しいな。

(4) B: That sounds nice. I think I'll have the same.

いいね。同じのにしようかな。

(5) A: Do you know that a new Chinese restaurant opened near here?

新しい中華料理店がこの近くにオープンしたのを知っている？

(6) B: Oh, really? Let's check it out.

本当？　行ってみようよ。

おそらく、NHK の英語講座は、番組にもよりますが、この倍くらいの分量のダイアログがあると思います。

（1）〜（6）までを一気に100回唱えるのは、結構しんどいものです。

やり方を少し変えてみましょうか。

始めのセンテンス、「お昼は何にするの？」の部分、What are you going to have for lunch?　を5回言ってみてください。終わったら、もう5回言います。

音声をよく聞いて、リズム、イントネーション、スピードをまったく同じに言うのがコツです。

10回言えましたね。これを10セットやるのです。同じセンテンスを100回、口から出すのは、そんなに難しいことではありません。

ひとつのセンテンスが言えたら、違うセンテンスを挑戦してみましょう。ダイアログ全部を通しで練習しなくてもよいのです。

自分が言ってみたいせりふ、覚えておきたいセンテンスを100回です。これなら続きそうではありませんか？

3 | ワンセンテンスで止めて繰り返す

　英語を練習するときは、音声をかけ、ワンセンテンスで止めます。文章の始めからピリオドまでです。

　これを徹底的にまねして練習します。長い文章を口から出す必要はありません。

What are you going to have for lunch?
お昼は何を食べるの？

　リズム、イントネーション、声の上がり下がり、スピード、間の取り方まで、そっくり同じになるまで練習です。

　このときに、誰かに「ねえ、お昼には何を食べるの？」と聞いている自分を想像して繰り返します。

　What are you going to have の部分が「ワット　アーユー　ゴーイング　トゥー　ハブ」となっていたら、まだまだですよ。「ワラユ ガナハヴ」と一気に言えるところまで練習です。

　音のチェックをしながら、100 回、口から出しましょう。音声は 10 回〜 20 回くらい聞きたいです。脳の中に音が残るまで聞くといいでしょう。

　自分の声を録音して、モデル音声と聞き比べてみるのもいい
かもしれません。完璧でなくてもかまいません。自分でまあま
あかなと思ったら、次のセンテンスに進みましょう。

I haven't decided yet.
まだ決めていない。

　このフレーズは昼食に限ったことではありません。何かを聞
かれたときに「まだ決めていない」と答えたいときは、どんな
状況のときでも使えます。

「今日はどの洋服にする？」「週末は何をするの？」
「パーティーに行くの？」「将来は何になるの？」、
などと聞かれたときに「まだ決めていない」と返答したいときに
使えます。
　さあ、実際に英語を使っている自分を想像しながら練習です。
「アイ　ハヴンッ　ディサイデッ　イェッ！」

　とにかく、**ワンセンテンスが上手に言えるようになったなと
思ったら、また次に進みましょう。**
　センテンスによっては、すぐに上手に言えるようになるものと、
つっかえてしまって、なかなか言えないものとがあると思います。
でも、それでいいのです。**うまく言えないから練習しているの
です。**

4 | 日本語を先に読んでしまう

　練習をするうえで、自分が何を話しているのだかわからない
と気持ちが悪い、あるいは頭に入ってこないという人がいると
思います。

　単語の意味を調べて、文章構文を考えて…なんていうことは
必要ありません。

　NHK英語講座のテキストブックには、日本語訳が大抵の場合
ついています。その**日本語訳を先に読んでしまうのです。**そして、
そのときの状況を頭の中に入れるのです。

　こういうことを言いたかったら、この英語を使えばいいのだ
な…と頭の中に状況を入れます。それから練習です。

　これでしたら、**辞書を引く時間が省けます。**

　例えば「いいね」と言いたかったら That sounds nice! と言
えばいいのだ、とあまり深い理屈は考えずに、英語を口から出
して練習しましょう。

　英語が話せなかったのは、語彙が足りないからでも文法を知
らないからでもありません。話す練習をしてこなかったからだ
けなのです。

ですので、**英語を口から出して練習しさえすれば、誰でも英語は話せるようになるのです。**

手っ取り早く話せるようになりたかったら、英語を使っている状況を頭に描き、実際に英語を使っている自分を想像しながら、口を使って練習です。これを妄想練習と呼びます（私が勝手にネーミングしました）。

英文法や英語構文の勉強は、英語が少し話せるようになったところでします。私は、**今まで想像していた学習方法の順番を少し入れ替えることで、英語が話せるようになってきました。**

日本語訳を読む
⇒　状況を頭に入れる
⇒　音声をひたすらまねる
⇒　自分が置かれた状況を想像しながら、口を使って練習する
　　（妄想練習）

上記がスムーズに行くようになったら、文法を押さえます。

英語が口からスムーズに出るようになるまで1年かかりました。それでも赤ちゃんのバブバブ程度の英語ではありますが。2語、3語の英語が自分の口から出てきたのは数年後です。

ですので、文法を勉強し始めたのも、英語学習を始めてから数年後でした。

5 | 文法の勉強は、口の筋肉を「英語筋」にしてから

「私は文法ができないから英語が話せないのだ」と思っていた時期がありました。

　本屋さんに出向き、文法書を買ってはくるものの、最後まで読み終わったためしがありません。途中でつまらなくなって投げ出してしまいます。

　そして、思うのは、「あー、やっぱり私って頭が悪いんだ」と自分を過小評価してしまいます。

　あるとき、英語の勉強をあきらめたことがありました。
「もう、私ったら、頭悪いんだもの。英語なんて覚えられるはずがない。英語は秀才肌の特殊な人だけが話せる言語なんだ。もう、英語の勉強なんてやーめた！」

　その代わり、「まね」をするようにしたのです。
　英語なんて私にはやはり無理だったんだ。それなら、英語が話せる「ふり」だけしてみよう。**とにかく「まね」だけしてみようと遊び半分で「音まね」を始めたのです。**

　意味がわかろうがわかるまいが、文章構文がわかろうがわかるまいが、**とにかく音をひたすらまねて口から出す練習をし、**

上手にまねできたら、自分で自己満足をしておしまいにしていました。

　ところが**これこそが、究極の英語上達の近道**だったのだと気がついたのは、かなり後になってからでした。

　数年「音まね」をしたあとに、文法書を開いてみたら、あら不思議。**あれだけ退屈だった文法が、逆に面白いほど自分の中にストーンと落ちていくのを感じたのです。**

　これで私は悟りました。

　今までは、文法ができないから英語が話せない、単語力がないから英語が話せない、という呪縛にとらわれていただけだったのです。

「学習の順番」を変えることで英語は話せるようになるのです。

　英語の音を徹底的に自分の中に入れて、口の筋肉を「英語筋」に変えてから文法の学習に入りましょう。文法はあとから付いてきます。

Part 3　今までと違った英語学習法

ポイント

・ひたすら「まねる」練習が英語上達の近道！

・文法はそのあとで理解できるようになります。

6 | とにかく声に出す
―英語の繰り返し方法―

　英語を話せるようになりたかったら、とにかく口を使って声
に出して練習する必要があります。

　机上の学習は後からで OK です。喉を使い、腹筋を使い、顔
の筋肉を使いましょう。

　声に出して繰り返し練習する方法をいくつかご紹介します。

● 英語の繰り返し方法 No.1

　リスニング & リピーティング

　英語学習の中で基本中の基本です。**一番時間を費やしたいの
がこの「リスニング & リピーティング」です。**

　前述の「ワンセンテンスで止めて繰り返す」という練習がま
さしくこれです。この練習をどれだけやるかによって、英語が
話せるようになるかどうかが決まると言っても過言ではありま
せん。

　やることは、簡単です。

　**聞こえてきた音を忠実に再現するだけです。「音まね」を徹底
的にやりましょう。**「聞いたらまねる、聞いたらまねる」、この
繰り返しです。

　思い出してください。英語の学習は単調な繰り返しを毎日続
けるだけです。実に簡単なことなのです。

このリスニング＆リピーティングの学習法は、どこにいても、何の教材を使っていても、モデル音声さえあればできます。

● 英語の繰り返し方法 No. 2

| シャドーイング |

「音まね」ができたら、次にするのは、シャドーイングです。

これは、聞こえてきた英語を、ほんの少し遅れて、影のように追いかけて話すテクニックのことです。

声の上げ下げ、イントネーション、リズム、スピード、間の取り方をそっくりまねて練習します。

最初はテキストを見ていてもかまいませんが、最終的にはテキストなしで音声を追いかけられるところまで練習するのがベストです。

シャドーイングをしていると、速さについて行けず、あるセンテンスが言えないことがあります。そんなときは、思い切ってそのセンテンスは無視して、次の音声に注目してみてください。

言えなかったからといって罪悪感を覚えたり、その部分を一生懸命言おうとしたりしなくて大丈夫です。言えなくても落ち込む必要もまったくありません。

繰り返せる部分だけ、気持ちよく後について言ってみてください。

Part 3　今までと違った英語学習法

63

できなかった箇所は、あとで「リスニング＆リピーティング」形式で徹底練習をしますので、ここでは言えなくても問題ない、と自分に言い聞かせて次に進みましょう。

この「思い切り」も英語学習のひとつです。できなかったことにこだわるのではなく、できた部分に陶酔して気持ち良くなりましょう。

この練習を積むと、ネイティヴたちがどのくらいのスピードで話しているのか、どんな声の上がり下がりをしているのか、どこで区切って話しているのかがよくわかるようになります。

ある程度の塊のシャドーイングが上手にできたときは、ガッツポーズを取るのを忘れないでくださいね。

● 英語の繰り返し方法　No.3

リップシンキング

いわゆる「口パク」です。音声を聞いて練習をしたいけれど、声を出せない状況のときは、リップシンキングで練習します。口だけパクパク動かし、声は出さずに練習です。

電車の中、街の中など、人に声が届いてはまずいときは、この方法で練習しましょう。耳にはイヤホン、頭の中では音声が鳴り響いているはずです。

人前で口パクしているところを見られると恥ずかしいなと思うときは、マスクをしましょう。口元が隠れるので、人の目を

気にする必要がなくなります。

　時々、電車の中などで耳にイヤホンをし、頭を小刻みに動かしたり、首を左右に振ったりしながら、口をパクパクしている人を見たことはありませんか？　おそらく音楽を聞きながら歌を歌っているのだと思います。あれと全く同じです。

　首を振る必要はありませんが、口元はパクパク、脳の中には音声を響かせながら練習しましょう。

● 英語の繰り返し方法　No. 4

リテンション＆リプロダクション

　これはかなり高度な学習方法になりますが、英語学習歴初心者でも応用できます。

　あるひと塊の音声を聞いたあと、その内容を理解し、今度は自分の言葉で何が話されていたのかを伝えるものです。

　本来は、通訳になる人たちが練習の段階で行うものなのでチャレンジングかもしれませんが、英語初心者にもできます。自分がどのくらい英単語を知っているかのチェックにもなります。

　うまく言えなくてもがっかりする必要はありません。**うまく言えないから練習しているのです。ブロークン英語、つっかえながらの英語、大歓迎です。**

　例えば、下記のような英語を「かたまり」で聞いたとします。このお話は昔、NHK の番組内で話されていたことですが、覚えている限り再現してみます。

There is a proverb, "April showers bring May flowers." It has several meanings. On the surface, it simply means that flowers need water to grow.

But on a deeper level, it suggests that periods of difficulty and gloom are necessary to create success.

When you study English very hard but don't seem to be making the progress you want to, you might get discouraged. But every day you study is like a day of rain.

Slowly but surely, you understand a little more and communicate better. Then suddenly you see your efforts begin to grow and take shape, just like a lovely flower in May after the mud and rain of April. It was always there, it just needed time to grow.

〈意訳〉
「4月の雨は5月の花をもたらす」ということわざがあります。いろいろな意味がありますが、表面的には、ごく単純に、花が成長するためには水が必要だということです。

　もっと深い意味では、成功の裏には苦難がつきまとうということを示唆しています。

　英語を一生懸命練習していると、思ったような進歩が感じられないときがあります。落胆してしまうかもしれません。でも、この毎日の学習こそが雨のようなものなのです。

ゆっくりとではありますが、着実に理解度が高まりコミュニケーションが取れるようになるのです。そしてあるとき、努力が実を結び始めるのを感じます。4月の雨で泥まみれになりながらも、5月には美しく咲き誇る花のようなものなのです。花はいつのときもそこにあります。ただ成長するのに時間がかかるだけなのです。

さあ、あなたなら上記の英語をどのくらい自分の言葉で表現できるでしょうか？先にも申し上げましたが、完璧でなくて良いのです。できるところだけ表現してみましょう。下記になるべく意味を変えずに、比較的シンプルな語彙を使って言い替えたものを掲載してみます。

April showers bring May flowers. This saying has a few meanings. One is that flowers need rain to grow. Or you could say that sometimes you need to have difficult times to be successful.

For example, when you study English really hard but don't feel you are making any progress and would like to give up. Then suddenly you begin to understand more and communicate better. This is like a flower in May after the long rain.

The flowers are always there, waiting to bloom.

Part 4

英語の「音まね」の
重要度

1 | 「書いてある文字」と 「聞こえてくる音」は 違うのです

　英語を口から出すときは、まず音をよく聞いて、それをまねすることが肝心です。

　今までこうだと思っていた音と、実際に聞こえてくる音には違いがあります。その違いに気づくと、英語の上達は早いです。

　例えば、

> What are you going to have for lunch?
>
> ランチは何を食べるの？

　このセンテンスをネイティヴ・イングリッシュ・スピーカーが普通の速さでしゃべると、

　「ワラユ　ガナバヴ　フォー　ランチ」

という音になります。特徴的に変わるのは、次の2点でしょう。

What are you ＝ ワラユ

going to have ＝ ガナハヴ

次のセンテンスはどんな音になるでしょう？

That's what I told you.
だから言ったでしょ。

　特に変化する音は下記です。

That's what I = ダーッワライ

told you = トゥシュー

　英語には、このように**「書いてある文字」と「聞こえてくる音」**
で違うものが結構あります。でも、そのパターンさえ知ってしま
えば恐いものはありません。
　文字を見れば簡単なのに、聞き取ろうとすると何を言っている
のかわからない、というのは、ここに原因があったのです。

ポイント
・「目」（文字）ではなく、「耳」（音）で理解する！
・「聞こえてくる音」をまねして「声」に出す！

---

2 | 音取り失敗談

　その昔、AFN（米軍放送）を聞いていたところ「カメナップ」という音がよく聞こえてきました。「カメナップ　スーン」と聞こえてくるのです。

「カメナップ」とは何だろう？と思う私。辞書を片っ端から引いてみましたが、「カメナップ」らしき単語が見つかりません。

　ある日、アメリカ人の友人に「カメナップ」ってどういう意味？と聞いてみました。正解は、coming up でした。

Coming up soon.
カメナップ スーン
すぐに。

　こんなに音が違ってしまったら、私にわかるはずがありません。

　また、NHK のラジオ英会話を聞いていたとき「ヒロズ・ミヤ」という音が何度も聞こえてきました。きっと「ヒロズ ミヤ」さんという人が番組にかかわっているのだろうと、ずっと思っていました。

　あるとき、ヒロズ・ミヤさんは、どんなことをしている人なのだろう、と調べてみることにしました。

　テキストのどこを見ても「ヒロズ・ミヤ」さんに関する説明がありません。

「おかしいなぁ〜、毎日出てくる名前だから、きっと重要な役目を担っているはず。そうでなければ、番組の、しかも冒頭付近に毎回出てくるはずがない」

　そう思い、毎日考え続けること数ヶ月。

　ある日、ひらめきました！「ヒロズ・ミヤ」と私の耳に届いていた英語は、here with me are だったことが判明したのは、なんと、番組を聞き始めてから 1 年半も経ったときでした。

　このように、**「書いてある英語」と「聞こえてくる英語」は違うのです**。この違いを楽しみながら発見していきましょう。

ポイント
・「文字」と「音」の違いを楽しもう。
・新しい発見で、あなたの英語もレベルアップ！

---

3 音が変化する代表的な英語

「書いてある文字」と「聞こえてくる音」が違うフレーズ、代表的なものをご紹介しましょう。

このあたりをマスターしておくと、かなり英語が聞こえてくるようになります。

先ほど述べた「what are you going to = ワルユ　ガナ」は典型的な例ですが、その他にも次のような例があります。

英語の音声をカタカナで表現するのは少し無理がありますが、極端に言うと下記のようになります。

● What do you want to = ワルユ　ワナ

例　What do you want to do?

＝ ワラユ　ワナ　ドゥー

何をしたい？

● like it = ライケッ

例　I really like it.

＝ アイ　(ゥ)リィリィ〜　ライケッ

それ、ほんとに好きだな。

● catch up = ケチャップ（※トマトケチャップではありません）

例　Please go ahead. I'll catch up with you later.

　　= プリーズ　ゴアヘッド　アイル　ケチャップ　ウィズユー
　　　レイラー
　　先に行っていて。後で追いつくから。

● isn't it = イズンネッ
　例　It's a beautiful day, isn't it?
　　　= イッツァ　ビューリフォー　デイ、イズンネッ
　　　良い天気ですね？

● on it = オンネッ
　例　I'm still working on it.
　　　= アイム　スティル　（ゥ）ワーキンオンネッ
　　　まだやっているところ。

● kind of = カインダ
　例　It's kind of cloudy.
　　　= イッツ　カインダ　クラウディ
　　　曇っているみたいよ。

Part 4　英語の「音まね」の重要度

　このように音と音が連結すると、まったく別もののように聞こえてくる英語はたくさんあります。

　よく音声に耳を傾けて、忠実に音を再現することが重要です。この音の変化を楽しみながら学習してみましょう。

　自分が今まで知っていた音とは違うかもしれません。違いを発見することは楽しいことでもあります。

4 | Tの音はよく変化する
ーTの七変化ー

　Tの音はよく変化をします。これを私は「Tの七変化」と呼んでいます。

　例えば、私の友人にKatie という名前の人がいます。私は、「ケーティー」と呼んでいたのですが、あるとき、別のアメリカ人に、「君のTの音は耳障りだ」と言われたことがありました。何かと思ったら、Tの音は、「ティー」と発音せずに「ディー」に近い音で発音されることが多いのです。

　そういえば、私以外の友人たちは、Katie のことを「ケイディー」と発音していました。KDDと発音するようにKatie ＝KD だと発音を直されたことがあります。

　また、What の音は、次に続く文字によっては「ワル」や「ワラ」に変化することがあります。

　What is it? が典型な例です。「ワルイゼッ」まるで「悪いぜ」と言っているように聞こえます。

● What are you doing?
　　ワラユー　ドゥイン
　　今度はTの音が「ラ」の音に変化しています。

　他にもTが「ラ」に近い音に聞こえてくるものがあります。

● but I

　バライ

● not at all

　ノラロ～

● a little bit

　ア　リロビッ

　ｔの音は「ロ」に変わっています。

● Cut it out!

　カリル　アウッ！

　cut it が「カリル」

● beautiful

　ビューリフォー

　ｔとiで「リ」の音になってしまいます。

● I don't know.

　アイ　ドン　ノー

　ｔの音は消えてしまいました。

次にＴの七変化ストーリーを作ってみました。

A: What are you doing?

ワラユ　ドゥーイン

何しているの？

B: I'm preparing some food for a picnic.

アイム　プリペアリン（グ）サムフードゥッフォァ　ピクニック

ピクニック用の食べ物を用意しているの。

A: Do you mind if I help?

ドゥユーマインドゥッ　イファイ　ヘルプ

手伝ってもいい？

B: Not at all. You can peel the carrots there?

ノラロ〜　ユーキャン　ピールダ　キャロッツデアー

どうぞ、どうぞ。そこのニンジン、むいてくれる？

A: Should I cut up a little bit of celery too?

シュドゥアイ　カラッパ　リロビロブ　セロォリートゥッー

セロリもちょっと切ろうか？

B: I don't know, that might be too much.

アイドンノー　ダッマイトゥッビ　トゥッーマッチ

どうかな、ちょっと多すぎるかも。

A: You've done a great job making a variety of sandwiches.
And you are beautiful.

ユーヴダンナ　グレー（トゥッ）ジョブ　メイキンナ　ヴァライエティ

ァヴ　サンドウィッチィス　アンジューアー　ビュリィフォー

いろいろなサンドイッチを、すごく上手に作ったね。それに
君はきれいだ。

B: Oh, cut it out!

オー　カリルアウッ

まあ、やめてよ。

・・

★ちょっと解説

　Do you mind ~ と質問されたら、厳密に言うと「あなたは〜
されたら気になりますか？」という質問になるので、気になる（つ
まりイヤ）なら Yes. の返答、そして気にならない（どうぞ、ど
うぞと言いたい）ときは No. の返答になります。

例：Do you mind if I sit here?

　　ここに座ってもいいですか？

　　＝ ここに座ったら、あなたは気にしますか？

　　No, not at all.

　　どうぞ、どうぞ。

　　＝ いいえ、全然気にしません。

例：Do you mind if I smoke?

　　タバコを吸ってもいいですか？

　　＝ タバコを吸ったら、あなたは気にしますか？

　　Yes.

　　いいえ、吸わないでください。

　　＝ はい、タバコを吸ったら気になります。

例：You can peel the carrots.

　直訳すると「あなたはそのニンジンをむくことができる」と、ちょっと上から目線の高飛車表現のように感じます。

　日本人としては、Would you peel those carrots? と丁寧に言いたいところですが、日常会話の中ではよく使われる表現です。特に家族や友人間で使われるでしょう。

　声のトーンに気をつければ、決して高飛車にはなりません。

．．．

5 | インターネットで 発音チェック

　繰り返しになりますが、英語の音をカタカナで表記するのは少し無理があります。

　発音をチェックするときに使う、ちょっと面白いサイトをご紹介しておきます。

● Best Text-to-Speech Demo
　https://ttsdemo.com/

　文章をタイプすると、読み上げてくれます。

　面白いのは、いろいろな国の人の声を選ぶことができるところです。アメリカ人、イギリス人、オーストラリア人、カナダ人、インド人の話す英語、男性、女性、など選べるのです。

　国によって微妙に発音の仕方や、人によっても読み上げ方が違うので、なるほど〜と楽しみながら聞いています。世界の英語はひとつではありませんからね。

　英語の他に、他言語でも読み上げてくれます。日本語にも対応しているようですよ。

　英語の学習は、このように**少し遊びを入れ、楽しみながらやると長続きします。**

6 | ここだけは押さえたい 英語の特殊音

　英語には、これさえ押さえれば、結構カッコ良く聞こえる特徴的な音があります。

　日本語にはない口の形なので、とまどうかもしれませんが、癖にしてしまえば、そんなに難しいものではありません。

● Rの音

　Rの音は代表的なもので、よくLの音と比較されます。Rは日本語にはない口の形が必要です。

　まず唇を丸めて…（子どもに教えるときは、「チューの口して」と言うと、上手に丸めてくれます）。

「う」の音を出す口を作ります。舌を口の中で丸めて、舌の先は口の中のどこにも付きません。

　これがRの音を出すときの形です。そのまま音を出してみてください。そう！　それがRの音です。

〈例1〉

　Red の音を正確に出してもらいたいときは、この「ウ」の口の形を作ってもらってから、

「ウーレッド、ウーレッド、ウーレッド」

と数回練習したあと、口の形はそのままで「ウー」の音は消して、

「(ゥ) レッド」と言うと、正しい音が出ます。

〈例2〉

Really は「(ゥ) リィーリィ」

Really の音を「リアリィ」と発音してしまいがちですが、「ア」の音は思い切って取ってしまいましょう。

先に練習した「ウ」の口からスタートして、思い切って「(ゥ) リィーリィ」と発音すると完璧です。

● th の音

th も日本語にない口の動きをするので、ぜひぜひマスターしたい音のひとつです。

やり方は簡単です。舌の先を上の歯と下の歯の間に軽く挟んで、引っこめながら「サ」のような音を出してみましょう。それが、Thank you. を言うときの音です。「サとセの中間」のような音が出るはずです。

the の音を「ザ」だと覚えている人もいるかもしれませんが、the は、残念ながら「ザ」の音ではありません。どちらかというと「ダ」の音に近くなります。ここ、ポイントです。

● V の音

上の歯を下唇の上に乗せましょう。息を出しながら音を出してみてください。

歯と唇が共鳴して下唇がくすぐったく、かゆいような感覚が出たら、大正解です。それが正しい V の音です。

Very の音を出す時、唇の振動を感じながら発音してみてください。これで、とても正確な音が出るはずです。

前述の th の音と合わせて Thank you very much. がきれいに言えるようになりましたね。

頻繁に使う表現ですので、th の音と v の音をマスターして、日頃からたくさんお礼を言ってみましょう。

● F の音

口の形は、V と同じです。今度は、音を出さずに息だけ出しましょう。

上の歯を下唇の上に置いたら、お腹から「フー」と風の音を出します。それが、F の音です。

日本語の「ふ」の音とは、口の形がまったく違うので意識しましょうね。日本語の「ふ」は熱いものを口で冷ますときの「ふーふー」。

英語の F 音は、上の歯を下唇の上に軽く乗せる。ここがポイントです。この時、唇を噛んだり、思いっきり中に丸めて歯の内側に持っていったりする必要はありません。あくまでも上の歯が下唇にタッチしていれば OK です。

実は、**上記の 4 つの口の形を注意するだけで、英語の発音はかなり正確になるはずです。**

上手にできなくてもあまり気負わずに、肩の力を抜いて続けてみてください。そのうち、できるようになります。

　私の生徒さんで1年半かかって、FとVの音を完璧に出せるようになった人がいます。ある日、突然できるようになったのです。長い英語人生において1年半なんてほんの短期間です。だって、あなたは、これから先、一生英語とお付き合いしていきますよね。

　何十年と英語と仲良くしていれば、そのうちマスターできますので、あまり気負わずにいきましょう。

ポイント

・「r」「th」「v」「f」の4つの発音を重点的に練習。

・1〜2年の練習はあっという間です。そのあとは
　一生、正確な発音で英語を話せるようになります。

---

7 | 英語は「リズム」と「イントネーション」が命

「英語をカッコ良く話してみたい」と思ったら、比較的簡単な方法でできるようになります。それは、**リズムとイントネーションを整える**ということです。「え？　発音ではなかったの？」とお思いでしょうか？

　リズムとイントネーションは発音の一部でもあります。英語が上手に聞こえるか聞こえないかは、このリズムとイントネーションで決まると言っても過言ではないでしょう。

　英語には、ひとつのセンテンスの中に、音の高い部分と低い部分、長く伸ばす箇所と思いっきり短くして発音する部分があります。

　まずは、それを徹底的にまねしてしまいましょう。そうするとカッコ良く話すことができます。カラオケで歌を練習するときの感覚に似ていますかね？

I won't give up. I'll try my hardest to reach my goal.
アイ　ゥオーン　ギヴアッ（プ）　アイル（ッ）トゥッライ マイ
ハーデス トゥッ（ゥ）リーチ　マイ　ゴウル
あきらめないぞ。目標に到達するために一生懸命がんばる。

　上記の文の場合、won't の部分で声が高くなり give up で下がります。I'll try の部分は、ひとつの単語の音のようになり、my hardest の部分でまた声が上がります。to の音は短く、最後の goal でまた音を山のように盛り上げます。

　こういった作業を**ひとつひとつのセンテンスに対して繰り返し**「音まね」していくことで、**英語の発音は正確になっていくのです。**

> **ポイント**
> 「リズム」と「イントネーション」を徹底的に「音まね」練習！
> ⇒　正確な発音が身につきます。

8 | 音の「かたまり」ごとに練習

　英語を練習するときは、**単語ごとに口から出すのではなく、ある程度の「かたまり」単位で練習しましょう。**

　例えば次の例文を見てください。

This restaurant is so cozy.
このレストラン、居心地がいいね。
You can say that again.
本当にその通りだね。
Would you like another glass of wine?
ワインをもう一杯どう？

　例文をひとつずつ見ていきましょう。

● This restaurant is so cozy.

　単語の数は、5つですが、音のかたまりとしては、2つです。

| This restaurant | ディスレストラン |
| is so cozy | イズソーコーズィー |

　まるで単語2つのように発音をします。単語2つであれば、覚えるのもそんなに難しいことではありませんね。

● You can say that again.

このセンテンスも単語2つの気分にしてしまいましょう。

You can say	ユーキャンセイ
that again	ダァ〜ラゲン

● Would you like another glass of wine?

最初は、単語3つの気分で練習です。

Would you like	ウジューライク
another	アナダー
glass of wine	グラスオヴワイン

そのうち、単語2つの気分にしてしまいます

Would you like	ウジューライク
another glass of wine	アナダーグラスオヴワイン

Part 4 英語の「音まね」の重要度

ところで、You can say that again. がどうして「本当にその通りだね」という訳になるのか疑問に思った方はいらっしゃいますか？

You can say that again. を直訳すると、「あなたは、もう一度言うことができる」つまり「もう1回、言ってくれてもいいよ。まったくその通りだよな」という意味になるのです。

このお話はまた別のところで致しますが、日本語と英語は一致しません。**日本語から直訳せずに、「この状況のときは、このせりふを使う」**という覚え方が英語上達の近道です。

9 | 後ろからリピート法

　英語をセンテンスごとに口から出すという作業のお話をしました。

　最初はテキストを見てもかまいません。忠実にモデル音声の再生をします。そのうちにだんだんとテキストは見ずに、音まねをしてみてください。例えば、

I wanted to improve myself.
自分自身を向上させたい。

　きっとこのくらいのセンテンスなら一気に言えますね。
　次のセンテンスはどうでしょうか？

It may have been a late start, but it's never too late to enrich your life and improve yourself.
遅いスタートだったかもしれない。でも人生を豊かにし、
自分自身を成長するのに遅すぎるということはない。

　このセンテンスを一気に言える人は、もうすでに十分な英語力を持っている人ですので、この本を読む必要はないでしょう。
　さて、練習するときに、通常は一生懸命、頭から言い始める人が多いと思います。

　発想を変えてみましょう。**後ろから練習するのです。**その前に、自分の苦手とする単語やセンテンスを徹底的に口から出しておきましょう。

---

enrich your life

　この部分が言いにくかったとします。「人生を豊かにする」という意味を頭に置きながら、enrich your life の部分だけを徹底的に口から出します。

　目標は 100 回でしたね。ひとまず、20 回くらい口から出してみてください。

　さあ、いよいよ後ろからリピート法を取り入れてみましょう。

---

improve yourself	この部分を 10 回
and improve yourself	10 回
to enrich your life and improve yourself	

---

　enrich your life の部分はさっき練習しておいたのでスムーズに口から出るはずです。

It's never too late to enrich your life and improve yourself.
人生を豊かにし、自分自身を成長するのに遅すぎるということはない。

　この部分を 10 回。ちょっと難しいなと思ったら 20 回、口から出してみてください。

このとき、最後の単語、3つくらい and improve yourself の部分はもうテキストなしでも言えるようになっているはずです。

このセンテンスだけでも立派な格言みたいで、これだけでも使えますね。でも、さらに英語力を伸ばしますよ。

まずは、but を付け足して、

but it's never too late to enrich your life and improve yourself

うまく言えたら、ガッツポーズ！ さらに前半部分をつける練習をしましょう。

It may have been a late start

不思議なことに、このセンテンス、意外と簡単に言える自分に気がついているはずです。

さあ、最終仕上げで、すべてのセンテンスを言ってみます。

It may have been a late start, but it's never too late to enrich your life and improve yourself.

英語を口から出すときは、実際に誰かの前で英語を話している自分を想像しながら練習します。いかがですか？

　長いセンテンスも後ろから少しずつ「かたまり」で口から出す訓練をすると、意外とスムーズにいきます。

　これは、英語を子どもたちに教えているときに気がつきました。ひとつのセンテンスも頭から何度も練習するのではなく、後ろにある「かたまり」からだんだんと前を付け足していくと、スムーズに会話センテンスを話し出す子どもたちが多かったのです。どんな理論でそう感じるかは、心理学者や言語学者に聞いてみる必要があるかもしれません。

　後ろからリピート法、ぜひ、あなたの練習方法の中に取り入れてみてください。

Part 4　英語の「音まね」の重要度

ポイント
フレーズの後ろの部分から「かたまり」を少しずつ付け足していく。
⇒　長いフレーズもスムーズに言えるようになります。

10 頭の中には「文字」ではなく「絵」を描く

　英語を口から出すときは、文字を思い浮かべるのではなく、頭の中に「絵」を描きます。会話の状況の中に自分を置くのです。

Breakfast is ready.
朝ごはんの準備ができたよ。
I'm coming.
今、行くよ。

　この会話のとき、頭の中に描くのは、おいしそうな朝ごはんと、食卓へと足を向ける自分を想像します。

I went on a trip to the Grand Canyon several years ago.
I rode on a helicopter and saw a magnificent natural
landscape. It was a breathtaking experience.
数年前にグランドキャニオンに行ったんだ。ヘリコプターに乗って、壮大な自然を眺めたよ。息をのむような体験だったな。

　頭の中には、壮大なグランドキャニオン、ヘリコプターに乗っている自分、雄大な景色を眺めて感動している自分の絵を描きながら練習します。

　このように頭の中に「絵」を描き、口から英語を出す訓練をしていると、とっさのときに英語が出てくるようになります。文字を置くのではなく、「絵」を描き、音声をそっくり再生する練習をしましょう。

ポイント
・会話の状況をイメージして、「絵」を思い浮かべよう。

Part 5

さらに英語力を
伸ばすために

1 | ディクテーション （書き取り）

　さあ、英語の「音まね」が上手にできるようになりました。

　次に、もうひとつ、あなたの学習の中に取り入れると、英語力が飛躍的に伸びる方法があります。それが、**ディクテーション**という作業です。

　これは、本当に英語力を伸ばす究極の方法です。最初はちょっと辛いですが、慣れてくると面白くなってきますよ。

　英語を聞き、何を言っているのか、ひとことずつ文字に起こしていく作業です。

　この作業をすると、自分が英語をどのくらい理解していたのか、はっきりわかることにもなります。

　今まで何となく聞き流していた英語をいざ書き出してみると、あれれ？と、書けない自分に何度打ちのめされたことか…。

　自分が知っているセンテンスは難なく書き取れますが、うろ覚えだったもの、わかったつもりになっていたものは書き出せない自分がいました。

　例えば、次のような文章があったとします。音声を何度も何度も聞きながら、聞こえた部分を書いていくのです。

Whenever you lose confidence in yourself, and you feel like you cannot go any farther, just call me. Don't worry. Everything will be fine eventually. I'll be there for you and give you a gentle push. That's what friends are for.

　もし、自信をなくし、もうこれ以上先に進めないと感じるときがあったら、私に電話をして。心配することないよ。すべては大丈夫になるときが来るから。私がそばにいて、そっと押し出してあげる。それが友達っていうものでしょう。

　日本語は意訳ですが、まあ、そんな意味のことを言っているのだろうな、という程度の理解でかまいません。

　ディクテーションは、少しずつ音声を止めながら書き出していきます。

Whenever you

「whenever って何て意味だっけ？」と思っても、気にすることはありません。聞こえた通りに書いていきます。

---

lose confidence
in yourself

次の and の音は、おそらく「ン」という音しか聞こえてこな
いかもしれません。そんなときは、カタカナで「ン」と書き留め
ておきます。続けていくうちに、「ン」という音が聞こえてきたら、
and なのだなということがわかってきます。

　もっとも、and も in も同じ「ン」の音に聞こえてくるのですが、
文脈で徐々に違いがわかってきますので、そんなに心配しなくて
大丈夫です。

　Don't worry の部分もおそらく「ドント」の「ト」の音は聞こ
えてこないでしょう。「ドン　ゥオ〜リィ」のように聞こえてくる
はずです。

　時々、とんでもなく違った音に聞こえてくるときがありますが、
空耳アワー大歓迎、笑い飛ばしていきましょう。
　過去に、あるディクテーションをしていたら、career（キャリ
ア）の音が「コリア」と聞こえてきて、どうしてここに韓国が出
てくるのかなあ〜と思ったことがありました。

ポイント
　ディクテーション（書き取り）に慣れると、
⇒　「聞こえるパターン」がわかってくる。
⇒　文脈に合った単語がわかる。

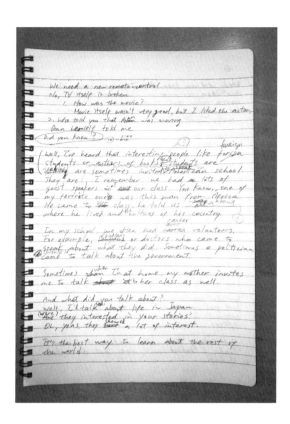

筆者のディクテーションノート

2 | ディクテーションは 文法の強化にもなる

　ディクテーションは、一番力を伸ばす最強の学習方法になるは ずです。

　その理由のひとつに、文法が強化されることになります。難し い文法ではありません。押さえておきたい、大事な文法事項の チェックにもつながってきます。

　例えば、次のセンテンスを例に見てみましょう。

> 例 1　I played tennis yesterday.

　このセンテンス、耳に届くときには、「アイ　プレイ　テニス イェスタデイ（I play tennis yesterday.）」のように聞こえてき ます。

　しかし、yesterday がついているということは、過去の話をし ているわけだから、動詞は play ではなくて played となるはず だと気づきます。

　もう一度聞いてみると、わずかに played の最後の「ドゥッ」 の音が聞こえてきます。

　レストランでの注文のシーンで次のようなセンテンスがあった とします。

> 例2 I'd like a cheeseburger, please.

　速く話すと、I'd like の would の部分、「ドゥッ」の音はよく聞こえてきません。

　でも、ここはレストランなので、I like a cheeseburger.（私は、1個のチーズバーガーが好きです）なんていう文にはならないはずだぞ、と気づくはずです。

> 例3 He likes swimming.

　聞こえてくる音は「ヒー　ライク　スイミング」、likes の最後の s と swimming の最初の s はくっ付いて、ひとつの音として聞こえてくるからです。

　He で始まっているので、動詞の like は likes になるはずだと気づく人は文法の基本を押さえている人です。

　このようにディクテーションをすることにより、文法をおさらいしながら、何を話しているのかをしっかり理解することは、自分の英語力を伸ばすために重要な過程となります。

```
ポイント
　ディクテーションを続けると、
⇒　「状況」がイメージできる。
⇒　文法力も身につく！
```

3 | ディクテーションのノートは 穴ぼこだらけでかまわない

　ディクテーションは一言一句を正確に書き取っていく作業ですが、完璧にする必要はありません。あくまでも自分がどのくらい聞き取れるかの確認です。

　あまり書き取れなかったとしてもがっかりせず、とにかく毎日続けてみてください。

　私がディクテーションを始めた頃は、1分の会話を書き取るのに、1時間かかっていました。

　何度も何度もセンテンスごとに繰り返して聞き、書き出していきます。

　わからない単語は、カタカナで書いておき、あとで辞書を引きます。音を頼りに適当にスペルアウトをしてみて、ピタリと当てはまる単語を探します。日本語の意味がわかれば、逆に日本語から英語を探します。

　お目当ての単語が見つかったときは、まるでジグソーパズルの最後のピースがはまったときのような気持ちの良さを味わうことができます。

　始めは2割か3割しか書き取れなかったものも、続けていくうちに、だんだんと書き取れる部分が増えていきます。

　私は、テキストに載っていない部分の書き取りを主にやってい

たので、自分がどれだけ正確に書き取れたかのチェックはしませんでした。1時間かかっていたディクテーションタイムが、50分になり、40分となる、その過程を楽しんでいました。

　続けていくうちに、あることに気づきます。ディクテーションを始めて1年くらい経ったときでした。

　自分が興味のあるトピックですと、7割、8割書き取れるのに、自分に興味のない話題のときはさっぱりわからない。**自分に興味のある話題を題材にして英語を学ぶと良い**、ということは、こういうことだったのかと思ったものです。

　でも、私は英語全般をわかるようになりたかったので、興味があろうとなかろうと、とにかく続けていました。

　今日は8割、次の日は4割。9割わかるときもあれば、またその次の日は6割に下がり、その次の日は2割もわからない。

　それでも続けているうちに、私の穴ぼこだらけのノートがだんだんと英語で埋まっていったのでした。

「継続は力なり」という格言を最初に言った人は誰なのでしょう？まさしくその言葉通りのことが起こっていました。

ポイント

　最初は穴ぼこだらけのノートでも、

⇒　だんだん書き取りできる部分が増えていく！

⇒　興味のあるテーマなら、より多く書き取りできる！

Part 5　さらに英語力を伸ばすために

4 | 英作文ではなく「英借文」

　自分で英語を話そうとするとき、辞書を引きながら英作文をすることがあります。

　私も最初は英作文をしようと思ったのですが、どうもうまくいきません。うまい文章が作れないのです。

　そこで、あるとき、自分で英語を作るのはあきらめました。そのかわり、出来上がっている英語のセンテンスをつぎはぎして自分の文章を作りました。

　今まで勉強してきたセンテンスのあっちこっちからそのままのセンテンスを持ってきて、あたかも自分が作ったストーリーのような顔をして喋るのです。

　わずか30秒程度の話をするのに、2，3日かけて文章を作成しました。**今まで使ったテキストや自分のディクテーションノートをひっくり返し、このセンテンスは自分の話に使えそうだというセンテンスをそのまま持ってくるのです。**

　日頃、英語を口から出すときに、
「あ、このセンテンスは何かの話をするときに、使えるかも」
「このセンテンスはぜひいつか使ってみたい」
と思うようなものをため込んでおきます。それらのセンテンスを

つぎはぎして作文するのです。

　そんなことを続けていたら、あるとき、そんなに苦労しなくて
も簡単なセンテンスであれば作れるようになっている自分に気が
ついたことがあります。何でも小さなことの積み重ねなのだなと
思った瞬間です。

　**つぎはぎ英語でも継続していれば、一枚の滑らかな布のように
なるときが来るのです。**

ポイント
　身近な教材の英文を集めておくと、
⇒　簡単な文が作れるようになる。
⇒　「伝えたいこと」を英語で言えるようになる。

---

5 | Google の活用

　文章を書いているときに、「あれ？　正確には何と言うのだった
かな？」と迷うことはありませんか？　私はしょっちゅうあります。

　そんなときは、Google サイトで検索をします。最近では、
Google も動詞になったようで日本語で「ググる」と言いますが、
英語でも、I googled it.（グーグルで検索した）などと言います。

　さて、活用法のひとつです。

　例えば、「コンビニ」という単語、convenience store だった
かな、あるいは、convenient store だったかな？と迷ったこと
はありませんか？

　そんなとき、Google サイトで、その言葉をクォーテーション
マーク（"……"）で囲んで検索をかけます。

"convenience store"	約 44,600,000 件
"convenient store"	約 1,860,000 件

　クォーテーションマークで囲むことによって、Google のサイト
にある膨大な英文から、掲載されている数を出してくれます。ヒッ
トした件数で、どちらが正しい言い方なのかがわかります。

　もちろん、間違い英語や、その間違い英語に関する説明が書かれていれば、それもカウントされますので、たとえ間違い英語であっても、ある程度の数が検出されます。

| "get in a car" | 約 68,200,000 件 |
| "get on a car" | 約 12,800,000 件 |

| "I'm excited" | 約 41,900,000 件 |
| "I'm exciting" | 約 211,000 件 |

　うろ覚えの前置詞の使い方や、表現の仕方を確かめたいときによく利用します。

ポイント
　Google 検索で
⇒　より使用頻度の高い表現がわかる。
⇒　正しい英語表現を確認できる。

6 | 英語と日本語は 一致しません

　英語を話すとき、どうしても日本語から直訳してしまいがちですが、前項でお話ししたように、**自分で英語を作るのではなく、すでに出来上がっている英語をそのまま借用しながら練習すると、スムーズに会話する近道となります。**

　もともと英語と日本語は一致しないので、直訳すると無理が出てきてしまうのです。
　例えば、何かお料理をお出ししたとします。おいしいかどうかを尋ねたいときは…。

Is it good?
Do you like it?

　上記の２つの言い方で通じます。
「えー！　どこにも『おいしい = delicious』という単語が入っていないじゃないの？」と思ったでしょうか。いいのです。コミュニケーションとは、そんなものなのです。

例１　「つまらないもの」を英訳すると？

　お友達の家に招待され、何か手土産を持って行ったとします。
　日本語では「これ、つまらないものですが…」と言って手渡しますが、「つまらない」をそのまま直訳したら、「どうしてつまら

ないものを持って来るの？」ということになります。

では、何と言ったらいいのでしょうか？

This is something for you.
これ、あなたへ…。
Here's a little something for you.
ちょっとしたものなのですが。

これでいいのです。そうしたら、Oh, you didn't have to. や You shouldn't have. という答えが返ってくることでしょう。どちらも「そんなことしなくていいのに」という意味になります。

例2　「愚妻」を英訳すると？

ボランティア通訳をしているとき、ある日本人男性が「うちの愚妻が…」と話し出したことがあるのです。

「愚妻」をどう訳そうかと悩みました。これは謙遜の気持ちが入っているのですが、直訳して、bad wife や terrible wife なんて言おうものなら大変なことになります。

事前にいただいていた原稿にはなかったので焦りました。訳す時間は、彼が話し終わってからものの数秒。とっさに私の口から出たのは、my lovely wife でした。

このように日本語と英語は一致しないものだと思いましょう。

一流の通訳者になると、英語をそのまま日本語に訳しているわけではなく、その状況に一番合っている日本語を瞬時に引っ張ってきているのです。日本語から英語に訳すときも同様です。同時通訳者の頭脳は実にクリアで素早く回転しているのですね。

7 | 話せなければ、質問だけして相手に話してもらう

　英語を勉強し、いざ会話をしようと思っても、そのつど英文を作り、口から出すのは、なかなか大変な作業です。

　とっさに英語が口をついて出て来ないのです。何を話したらいいのか、わかりません。ネイティヴたちが集まるようなパーティーに参加したときは、特に思いました。

　もともと私はおしゃべりでないのかもしれません。日本語でも会話上手かというと、そうでもないのです。

　そこで、**自分で話せないのなら、相手にしゃべってもらえばいいのだ**、と作戦を立てました。

　つまり、質問事項を用意しておいて、それらの質問を投げかけて、あとは聞いているだけという作戦です。

　知らない人に会ったときの会話用にいくつかのセンテンスをあらかじめ用意しておくのです。

　会話術としてそれらを使い回していると、何となくコミュニケーションは取れるものです。

　あたりさわりのない質問をいつも何個か用意しておいて、タイミングを見計らって聞いてみるのがいいでしょう。

例えば、定番は…

What kind of music do you like?
どんな音楽が好き？

How was your weekend?
週末はどうだった？

Do you have any plans for your next vacation?
次のバケーションのプランは？

旅行の話をしていたとしたら…

Have you been to Europe?
ヨーロッパには行ったことある？

Where did you go?
どこに行ったの？

What did you do?
何をしたの？

Where would you like to go next?
次はどこに行きたい？

　簡単な質問集をいつも頭の中にストックしておき、日頃から口に出して、ひとり練習をしておくといいでしょう。

8 | 相手の言葉をそのまま 繰り返して会話をつなぐ

会話を続けるときには、もうひとつコツがあります。

相手のしゃべった言葉をそのまま繰り返すのです。

こうすることで、相手の話をきちんと聞いていますよ、という サインにもなりますし、自分がきちんと理解しているのかどうか の確認にもなります。そんなに難しいことではありません。

例1　I came to Japan five years ago.
日本には、5年前に来たんだ。

Oh, five years ago?
ああ、5年前なんですね？

例2　The other day, I went to Kyoto for the first time.
この前、初めて京都に行ったんだ。

You went to Kyoto for the first time?
京都に初めて行ったんですか？

いかがですか？　相手の言った言葉を繰り返しただけです。そ れだけで会話は成立しています。

余裕が出てきたら、相手の言った言葉を繰り返しつつ、もうひ とこと質問を付け足します。

例1 I came to Japan five years ago.
日本には、5年前に来たんだ。

Oh, five years ago? What made you decide to come to Japan?
ああ、5年前なんですね？　日本にはどうして〔何がきっかけで〕いらしたのですか？

例2 The other day, I went to Kyoto for the first time.
この前、初めて京都に行ったんだ。

You went to Kyoto for the first time? How was the trip?
京都に初めて行ったんですか？ 旅行はいかがでしたか？

こうすることによって、さらに会話が弾みます。

ポイント
相手が言った言葉を繰り返す。
⇒　それだけでも会話が成立する。
⇒　ひとこと付け加えると、さらに会話が弾む。

---

9 相手をほめよう

　会話のきっかけをつかむには、まず相手をほめてみましょう。

　まず、会った瞬間に言える言葉は…
　How are you? の次に…

You look nice.	すてきですね。
You look great!	お元気そうですね。
You look wonderful.	すばらしいですね。

●身に着けているものをほめる

I like your shirt.	いいシャツを着ていますね。
I like your hat.	すてきな帽子ですね。
It looks good on you.	良く似合っていますよ。
Nice color.	いい色ですね。
That's a nice color on you.	その色、似合っていますね。
Those are nice shoes.	良い靴ですねえ。

　＜上記の日本語訳はすべて意訳です。直訳ではありませんので、雰囲気をお楽しみください。＞

　このように、ちょっとしたひと言から会話が弾むことがあります。

　相手の持ち物や身に着けている物をほめてからおしゃべりに入るということはよくあることです。

　知らない人同士でも、上記のようなひと言をきっかけに会話が始まります。

　いつだったか、岡山から芸術の島、直島へ向かう船の中で欧米系の観光客から話しかけられたことがあります。ちょうどトイレの列に並んでいるときでした。私が履いていた靴をほめてくれたのです。

Those are nice shoes. I like them.
良い靴を履いているわね。いいわ。

Oh, thank you.
あら、ありがとう。

Where are you from?
どちらからいらしたの？

　そのあと、ひとしきりおしゃべりをしました。その人とは、なんと街を散策しているときにまた出会い、さらに会話が弾みました。

　相手のことをほめる、ということは、コミュニケーションを円滑にして話すきっかけを作ることにもなるのですね。

Part 5 さらに英語力を伸ばすために

ポイント
「すてき」「いいね」などの言葉から
⇒　会話のきっかけになる。
⇒　会話が弾む。

---

10 | 相手の名前を
会話の中に入れる

　ネイティヴたちは名前を覚えるのが得意です。 会話をするとき
に、何気なく名前を入れながら話してくれます。
　ですので、相手の名前を入れながら話をすると、親しくなれま
すし、会話も弾みます。

What do you think, Sanae?
さなえ、どう思う？
Sanae, how was the movie?
さなえ、映画はどうだった？

　英語講師たちの大きなカンファレンスが年に一度行われるので
すが、その会場に行くと、数時間前に会ったばかりの初対面の人
たちも私の名前を使いながら話してくれるので、びっくりするこ
とがあります。

　確か、数時間前は、Nice to meet you.（はじめまして）とあ
いさつしたばかりだったのにもかかわらず、

How's it going, Sanae? Did you find anything interesting?
（さなえ、調子はどうだい？ 何か興味深いものを見つけたかい？）
などと、声をかけてきます。

　私は、相手の名前を覚えておらず、オロオロしながらネームタグをのぞき込んだり、

Oh, yes. I'm having a nice time. Um …. May I have your name again?

（ええ。楽しんでいますよ。 えっと…、お名前は何でしたっけ？）
などと慌てたりします。

　話している相手の名前を会話の中に入れると、早く親しくなれます。まずは、日本語で練習してみて習慣化してみませんか？

　私は人の名前を覚えるのが大の苦手です。初対面の人にお会いしたときは、わざと相手の名前を何度も口から出してみます。

Martha, Martha, Martha … Am I saying it correctly?

マーサ、マーサ、マーサ … 私、（あなたのお名前を）正しく言っていますか？

　そして、こっそりとどこかにメモをします。そして、そのメモを時々見ては、会話の中に名前を入れてみます。

ポイント
　相手の名前を入れて話をすると
⇒　親近感がわく。
⇒　会話が弾む。

11 | ちょっとしたユーモアを
交えて返答を

　少し会話に余裕が出てきたら、**ユーモアを交えた返答**をすると、ネイティヴ・イングリッシュ・スピーカーたちとは、距離がぐっと近くなります。

　例えば、下記は私が実際に使ってきたユーモア集です。

Do you need any help?
何か手伝おうか？

Yes, please. Smile at me.
ええ、お願い。私に微笑んでちょうだい。

　私が仕事をしているときに、ネイティヴが「さなえ、何か手伝おうか？」と言ってきたのですが、私は、その頃、「あれをして、あれをして、それからこれをこうしてくれる？」と指示する英語がまだすんなりと出てきませんでした。そこで返答したのが、Smile at me. でした。

　また、私が机の下に落とし物をして、ごそごそと身体をかがめて探し物をしているときに、ネイティヴが入って来ました。

Are you looking for something?
何か探しているの？
Yes, I'm looking for my life.
ええ、私の人生を探しているの。

　落とした物の説明がうまくできなかった私は、とっさに冗談で
I'm looking for my life. と言ってしまったのです。
　ここで笑いが起きるはずだったのですが、そのネイティヴは、
すました顔で下記のように返答してきました。

Is your life under the table?
君の人生は机の下にあるのかい？

　これは、一本やられました。

●ほめられたときに返す言葉は？

　また、次のようにほめられたら何と答えますか？

You are beautiful.　きれいだね。
You are so smart.　頭がいいね。

　私は生徒さんたちに、こう伝えています。
　決して、No, no, no. と返答してはいけません。そんなときは、
I know.（わかってるよ）と答えましょうと。

121

実際に、あるとき、イギリス人がカッコ良いハンチング帽を被って現れたので、

Wow! You look nice! The hat looks really good on you.

（わあ！カッコ良いね！その帽子、よく似合ってるわ）と言うと、

I know.（だろう？）という答えが返ってきたことがあります。

●さらに上級編

You are beautiful.

君はきれいだよ。

What? What did you say?

え？　何て言ったの？

You are beautiful.

君はきれいだ。

I couldn't hear it. Could you say that again?

聞こえなかった。もう一度言って。

　ここまでくると、ああ、からかっているんだなとわかり、爆笑となります。

　さらに上手もいました。あるネイティヴに仕事を手伝ってもらったあと、次のように声をかけたときの返答です。

Thank you very much for your help. I couldn't have done that without you. You are so capable, nice, and kind.
手伝ってくださってありがとう。あなたなしではできなかったわ。あなたって、とっても有能で、そのうえ親切でナイスだわ。

それを聞いていたネイティヴ、照れるかと思ったら、

Don't forget the "handsome" part.
ハンサムって言うの、忘れるなよ。

ユーモアはコミュニケーションの潤滑油にもなります。

ポイント
ユーモアを交えて返答してみよう。
⇒　会話が楽しくなる。

ほめられたとき、
⇒　I know. と答えるとネイティブ流！

12 | コミュニケーションの達人は
シンプルな英語を話す

　英語を流暢に話している人をよく観察してみると、実にシンプルでスッキリとした英語を話しています。Big word（難しい単語）はあまり使わなくても話ができるのです。

　英語が上手な人は、意外と簡単な英語を組み合わせることで、わかりやすく話をしています。

　例えば、次のページの2つの英文を比べてみてください。内容はほぼ同じですが、使っている言葉が違います。
　2つ目の会話をまずは目指しましょう。難しい単語や言葉は必要ありません。
　自分の中にある簡単な英語を組み合わせる訓練をするといいでしょう。

1

I was feeling fatigued all the time, so I made an appointment with a medical specialist. A physician diagnosed that I was suffering from an acute case of stress-related exhaustion.

いつも疲労を感じていたので、医療専門家に予約を入れました。内科医はストレスに起因する急性倦怠感だという診断をくだしました。

2

I was always feeling tired, so I went to a doctor. She told me the problem was related to stress.

いつも疲れを感じていたので、お医者さんに行きました。女医さんはストレスからくる疲れだろうと言っていました。

1

A friend of mine and I routinely go out for long walks in the vicinity of a town. We enjoy being outdoors and appreciate nature and fresh air together.

私は友人と街の郊外を長時間歩くことが日課となっています。アウトドアを楽しみ、自然と新鮮な空気に感謝します。

2

My friend and I often go for walks outside of town to enjoy green trees and fresh air.

友人と私は、よく街のはずれを歩き、緑の木々と新鮮な空気を楽しんでいます。

Part 5

さらに英語力を伸ばすために

1

My family and I went to a very extravagant beach resort for a weekend getaway. We enjoyed superb meals, magnificent views, and numerous other amenities exclusively for guests.

私は家族と豪華なビーチリゾートで週末の休暇を取りました。すばらしい食事、見事な景色、その他、数多くの宿泊客専用施設を楽しみました。

2

My family and I went to a gorgeous beach hotel on a weekend. We enjoyed wonderful food and had a really great time.

私は家族と週末に豪華なビーチホテルに行きました。すばらしい食事をして、とてもすてきな時間を過ごしました。

　ここで気がついてほしいのは、**難しい単語を知っているからといって、それらを使おうとすると、ぎこちない会話になってしまうことがある**ということです。

　Simple is the best. という言葉があるように、シンプルなのが一番です。

★ちょっと余談

　余談になりますが、カンマの後ろには半角スペースを入れるのが英文ライティングの基本です。

　かなり英語が話せる人でも、カンマの後ろにスペースを入れずに英文を書く人を時々見かけます。そういえば、私も学校で教わってこなかったかな？　あるいは、ライティングの授業中に寝ていたのかもしれません。大人になってからの学び直しでした。

ポイント

　簡単な英語を使って話そう。

⇒　英語が上手な人はシンプルに話す。

⇒　難しい単語を使うと、会話がぎこちなくなることも…

Part 6

意識改革編

1 | 留学しなくても話せるように なります

「あの人、留学していいな」と思ったことはありませんか？

私も憧れた時期がありました。そして、「留学さえすれば英語が話せるようになるのに」と思っていた時代がありました。

結論です。

—　**英語は留学しなくても話せるようになります。**

私は、留学経験がありません。それどころか海外旅行にすら、ろくに行ったことがありませんでした。

英語が話せるようになった人は、留学したからでも海外経験を積んだからでもありません。**毎日英語を口から出して練習**したからです。

日本にいながらにして十分英語はマスターすることができます。

高い教材を買わなくても、お金をたくさんかけて英会話学校に通わなくても、それでも英語は話せるようになります。

NHKの講座は毎日、様々な英語学習プログラムを提供してくれています。毎月のテキスト代、500円ちょっとの費用で英語はマスターできるのです。

最近では、大人のための留学プログラムも充実していますが、あまり上達せずに悔しい思いをしながら帰って来た人をたくさん知っています。帰国後に本気になって一生懸命勉強しています。

　留学するのであれば、留学する前にある程度の会話力をつけてから行くと、英語は飛躍的に伸びると思います。

　しかし、その準備なくして留学すると、お金の無駄使いになってしまいます。

　ただ留学すれば、あるいは英語の環境の中に入れば話せるようになるというのは、ちょっと違うでしょう。

　大人になってから英語学習を始めて、20数年が経ちました。コミュニケーションも何とか取れるようになりました。

　今、留学したら、もしかしたら、私の英語もまた一段と高いところに登れるのかもしれません。

　でも、私は、この先も日本にいながらにして、どこまでいけるか試してみたいと思います。

　日本には、優れた教材があり、すばらしい語学教育番組があり、そして、映画、国際ニュース、YouTube なども活用すれば、生の英語に触れる機会はいくらでもあるのです。

ポイント

・留学経験がなくても「英語を口に出すこと」が大事。

・NHK の講座、英語教材を活用して毎日、学習を
　続けよう。

・さらに映画、ニュース、YouTube などで英語に
　ふれる機会もあります。

Part 6

意識改革編

2 | 英会話スクールは習うところではありません。話すところです。

　英語を学ぶために、まず思いつくのが英会話スクールへの入学かもしれません。

　高額なお金を投入したら、そこには優秀なネイティヴ・イングリッシュ・スピーカーの先生がいて、3ケ月も経てば、英語ペラペラ…　そんな妄想をしたことはありませんか？　私も何度もしました。

　私は、英語学習を始めた当時、専業主婦をしていましたので、英会話スクールにかけるお金が捻出できず、憧れの英会話スクールに入ることは断念しました。

　独学で勉強を続けるうちに、あることに気づきました。

　英会話スクールに、英語が話せるようになる魔法の杖を持っている講師はいません。高いお金を払っても、チチンプイプイと呪文を唱え、あなたが英語ペラペラになるようにはしてくれないのです。

　英会話スクールで1週間に一度、1時間の授業を受けたとしましょう。講師はエンターテイナーでもありますから、カッコ良い、映画の中から飛び出して来たようなハンサム講師と、あるいは美人講師と楽しい時間を過ごします。「あー、楽しかった！」と思い、テキストをカバンの中にしまい込みます。

　1週間近くが経ったころ、「あ、そうだ！　明日は英会話のレッスンだ」とカバンの中にしまってあったテキストを開きます。

　この方法ですと、実は10年通っても英語は話せるようにならないでしょう。

英会話スクールで過ごす１時間よりも、そこに行くまでの１週間、どれくらい自分で勉強し、口を使って練習したかによって英語の進歩度は決まってきます。

英会話スクールは、そこで英語を学ぶところではありません。自分が勉強した成果を披露するところです。これだけ練習してきました。見てください、すごいでしょう？と自分の努力を見せつけるところなのです。

●英会話スクール選びのポイント

英会話スクールを選ぶときに何を基準に選びますか？
最近はネットを利用したリーズナブルなところもあるようですが、スクール選びのポイントを２つ挙げるとしたら—

(1) ズバリ！　**会話をさせてくれるところ**です。
英会話スクールなので、会話をさせてくれるのは当たり前でしょう？と考えるかもしれませんが、実際には、講師ばかりが話をしていて、生徒は、Uh-huh. I see. I understand. Yes. No. ばかりで、たいして英語を話さず終わってしまったということも発生します。

(2) もうひとつのポイント：それは、**自宅学習をしなければいけないように仕向けてくれるところ**です。

この２つのポイントを押さえていれば、あなたの英会話スクール選びは合格です。

133

3 | 英語圏の恋人を作ると、英語を話せるようになるのでしょうか?

　よく英語圏の恋人を作ったら、英語が簡単に話せるようになる、という話を聞きます。

　本当にそうでしょうか?

　答えは — **ある程度は話せるようになります。**

「ある程度」というのは、人によって違います。

　もし、お相手の方が、日本語が話せるとしたら、たぶん、あなたの英語は、Hello. How are you? に加え、簡単なごあいさつと I love you. …これで終わってしまいます。

　愛に言葉は要らない、とよく言いますが、本当なのです。仲良くなると、アイコンタクト、ジェスチャー、雰囲気などで結構お互いの意思疎通はできるようになります。

　何人かのアメリカ人の講師仲間に、

「Sanae、うちの奥さんに英語を教えてやってくれないかな?」

　と頼まれたことがあります。

「えっ!? どうして? あなたが教えればいいじゃない?」

　と言うと、

「どうもねえ、夫婦になっちゃうとダメなんだよ」

　と、頭を抱えています。

　どうやら、親が自分の子どもに勉強をうまく教えられないのと似ているようです。

　よく話を聞いてみると、夫婦ふたりのコミュニケーションには問題がなくても、他のアメリカ人の友人が来たときや、アメリカに里帰りしたとき、ご家族やご親戚、ご近所さんなどとのコミュニケーションとなると、もうワンステップ上の英会話力が必要なようなのです。

　こう考えると、英語圏の恋人を作ったら英語が話せるようになるかどうかは、恋人うんぬんということではなく、**あなたの中にどれくらいの学習意欲があるか**ということと大きく関連してくるようです。

Part 6

意識改革編

ポイント

　英語圏の人との恋愛、結婚は？

⇒　ある程度は英語を話せるようになります。

⇒　ジェスチャー、表情などで意思疎通できてしまう。

⇒　やはり「学習意欲」が大事です。

---

4 聞くだけで英語が話せるようになるのでしょうか?

　聞き流していれば英語が話せるようになる、あるいは、英語をシャワーのように浴びれば数ヶ月後には英語がわかるようになる、という広告を見ることがあります。

　本当に英語をたくさん聞いていたら英語がわかるようになったり、話せるようになったりするのでしょうか?

　答えは No. です。

　英語を聞いたら、聞くだけでなく、ストップして「音まね」をします。流れてきた英語を繰り返し言ってみましょう。この訓練をすれば英語は話せるようになります。

「へえ〜、これを言いたかったら、こう言えば通じるんだ」と自分に言い聞かせて、ひたすらに練習するのです。

　口を使って練習するからこそ、英語は話せるようになります。

　すてきなピアノ曲をたくさん聞いていたら、ある日突然ピアノが弾けるようになるでしょうか?

　カッコ良いロックンロールのドラムのビデオをたくさん観ていたら、ある日、ドラムが叩けるようになるでしょうか?

「聞き流していたら…」

「これを見たら…」

「これをかけておくだけで…」

などという呪文は、即刻捨てたほうがいいでしょう。聞き流し法が効かないのと一緒で、睡眠学習も効き目はありませんので、念のため。

英語は練習した時間の分だけ自分に返ってくるようになっていますが、聞き流しでは残念ながら実になりません。

誇大広告に騙されて、人生の時間とお金を無駄にするのはやめましょう。

英語をシャワーのように浴びても話せるようにはなりませんが、シャワーのように口から出したら話せるようになります。

Part 6

意識改革編

```
ポイント
  英語をたくさん聞くと…？
⇒  ただ「聞き流し」ではダメ。
⇒  英語を聞いて、口を使って「まねする練習」を！
```

5 | 英語学習と歯みがきを 同じレベルまで持ってくる

　英語学習とマラソンやダイエットは似ているとよく言われます。
「途中、非常に苦しくなる」
「なかなか上達しない」
「毎日続けないと意味がない」

　それらがキーワードとなります。どれもマラソンやダイエット
に該当する言葉ですね。英語学習もまったく同じなのです。

　英語学習と歯みがきを同じレベルにまで持ってきませんか？
「え？　どういうこと？」と思いますよね。
　要するに、**習慣化しましょう**ということです。歯みがきは毎日
しないと気持ちが悪いですし、不潔ですよね。虫歯にもなります。
　**英語学習も毎日しないと気持ちが悪いというレベルまで持って
くると、あなたの英語学習は、必ず成功します。**

　英語を勉強した日は、気持ちもスッキリ！
　これで病気にもなりません。英語を勉強しない自分をうしろめ
たく感じることもありませんし、どうしてこんなに英語ができな
いのだろうと悩むこともありません。

勉強しているのですから、必ずものになる日がやってきます。人によってスピードは違いますが、英語は勉強した時間の分だけは戻ってくるようになっています。

「人が３年でマスターしたのであれば、私は倍の６年かけよう」

そう思いながら勉強してきました。毎日歯みがきをするように、必ず毎日学習の時間を設けました。

「えっ？　歯みがきは３分で終わるけれど、英語学習はもっと時間がかかる」という声が聞こえてきそうです。

ならば、まずはその３分を制覇してみましょう。**３分の習慣を30分にするのは、そんなに難しいことではありません。**

ポイント

英語学習をツライと考えない。

⇒　毎日、歯みがきのように「習慣」にしよう。

⇒　毎日続けると、英語は必ず上達します。

---

6 | 学習時間の作り方

「時間ができたらやろう」
「これを片づけたらやろう」
「週末なら時間があくから、そのときやろう」

　こんなことを考えていたら、いつまで経っても始まらないのは、わかっていますよね。
「耳の痛いことを言わないでよ」と心の声がします。耳が痛いのはまだ良いです。心が痛まないうちに、さっさと始めてしまいましょう。
　今日始めないと、グズグズしている自分をののしることになり、負のスパイラルにはまってしまいます。

　一日のうちで、気持ちが良く、集中できる時間帯はいつでしょうか？
　人は時間の流れの中で自分に合ったリズムを作っています。頭が冴えている時間帯を探してみましょう。そこが英語学習時間帯です。

　早朝でしょうか？　あるいは、夕飯が終わり、少しのんびりした頃でしょうか？　寝る前でしょうか？
　毎日仕事をしている社会人にとって、自分の時間を作り出すのは至難の業かもしれません。

　でも、きっとどこかにあるはずなのです、**脳が活性化して頭に物事が入りやすい時間**というものが。

　下記は、実際に英語をマスターした人たちが勉強してきた時間帯です。

・早朝
　── 朝起きる時間を1時間早くして

・通勤時間帯
　── 電車の中で

・オフィスに入る前にカフェで
　── 優雅にコーヒーを飲みながら集中

・目的地のひと駅手前で降りて、歩きながら音声再生

・昼休み
　── 昼食をサッと食べて

・家事の合間に
　── 食器を洗いながら、洗濯物を干しながら、掃除機をかけながら

・ウォーキングをしながら
　── イヤホンで録音音声を聞きながら

・仕事帰りに図書館や公共施設で
　― 夜9時ごろまで開いているところも

・お気に入りのカフェを見つけて
　― 気の向くままに

・ジムでドレッドミル利用中
　（ウォーキング・ランニングマシーンの上で）

・夕飯後、食卓で

・寝る前に

いかがですか？　意外と時間は作れそうですね。

ポイント
　あなたのベストな時間帯は？
⇒　自分のリズムに合った時間帯を見つけよう。
⇒　先延ばしすると、気持ちが負のスパイラルに…

7 | 挫折 ── 粘土のように ぐしゃりではなく、 スポンジのようにしなやかに

　英語を練習していると、うまくできなかったり、通じなかったり、落ち込むことがたくさんあります。
「もうダメだ、限界だ」と落ち込むことなんて何百回、何千回とあります。**英語に挫折はつきものなのです。**

　ここで覚えておいてくださいね。英語の達人と言われるようになった人も、スムーズに英語が話せるようになったわけではありません。皆、何度も挫折をしています。
　それでも達人になれた理由は、ただひとつ、**「続けてきた」**からです。
　英語に限らず、失敗したり、へこんだりすることは多々あります。
　心の中にスポンジを取り入れましょう。粘土のようにぐしゃりとへこんだままになってはいけません。へこんだっていいのです。スポンジのようにしなやかに、元に戻る自分を作りましょう。

　失敗した自分を恥ずかしいと思うことはありません。それよりも、そこに至るまで挑戦した自分を誇りに思ってください。悲しければ、思いっきり泣いてしまいましょう。
　失敗した自分を腹立たしく思い、ののしることがあるかもしれませんが、一晩寝たら、スッキリと…とはいかなくても、小さな心の傷をむしろ闘いのあとの勲章だと思い、また一歩、足を出し、歩み出しましょう。

143

8 | 言い訳をやめると、英語は上達します

　これは英語だけに限ったことではありませんが、何かを失敗したり、うまく行かなかったりしたときは、ついつい言い訳を考えてしまいます。

「だって忙しいから」
「だって時間がないから」
「だって英文科卒ではないもの」
「だって留学していないもの」
「だってお金がないから英会話スクールは無理だよ」
「だって頭が良くないから」
「だって記憶力ないもの」
「だって英語を使うところがないもの」
「だって忘れっぽいから」
「だって海外旅行に行かないから」
「だって家族がイヤな顔をするから」
「だって家事は誰がやるの？」
「だって育児中だから」
「だってもっと大事なことがあるから」
「だって、だって、だって…」

　英語が勉強できない理由はいくらでも出てきます。これらをすべて捨てると英語は上達します。つまり、スタートラインに立てるということです。

　英語はなかなか上達しないのです。途中で苦しくなり、できない理由を考えてしまいます。

　また勉強したくないので、しなくても良い理由を考え出してきて自分を納得させようとします。そのほうが楽ですから。

　そこでもう一度、考えてみてください。本当に英語が話せるようになりたいのでしょうか？

　今すぐに言い訳をすべて捨ててしまったら、

（1）楽になれますよ。英語を話すことはもうあきらめましょう。他に苦労しなくても楽しめることはたくさんあります。

（2）英語は絶対話せるようになりたい！　言い訳を考えている時間があったら、その分1回でも英語を口から出したほうがいいかも。

さあ、あなただったら、どちらを選びますか？
この本を読んでいる人なら、もう答えは出ていますね。

ポイント
　言い訳にサヨナラして、スタートラインに立つ。
⇒　少しでも「実行」しよう。
⇒　「意志」があれば、英語は上達します。

---

9 | 他人をうらやむ自分を捨てる

　人生は不公平なもの。生まれつきお金持ちの人もいれば、優秀なDNAを持って生まれてくる人もいます。

　何の取り柄もない、ごくごく普通の、もしかしたら普通以下かもしれない自分。

　人をうらやんだり、ねたんだりする気持ちが芽生えてきても不思議ではありません。

「ふん、あの人、もともと頭がいいから英語が話せるんだ」
「だって、あの人、留学したものな。英語が話せて当然だよ」
「あの人の家、裕福だから、お金をたくさん英語に使うことができる」
「社交的だから、人がたくさん寄って来て楽しそう」
「転勤で海外に住んでいたからラッキーだよなぁ～」
「親が立派だから、英語も楽に話せるんだろうな」

などなど、人をうらやむ理由はいくらでも出てきます。自分の中で言い訳を考えることとまったく同じですね。

　どうして人をうらやむのでしょう？　それは自分が抱えているコンプレックスの裏返しです。

　不思議なことに、英語を苦労して学び、少し英語が話せるようになってきた頃、あることに気づいたのです。

郵便はがき

112-0005

恐れ入りますが
切手を貼って
お出しください

東京都文京区水道 2-11-5

明日香出版社

プレゼント係行

感想を送っていただいた方の中から
毎月抽選で 10 名様に図書カード(1000 円分)をプレゼント!

ふりがな お名前	
ご住所	郵便番号 (　　　　　　) 電話 (　　　　　　　　)
	都道 府県
メールアドレス	

＊ ご記入いただいた個人情報は厳重に管理し、弊社からのご案内や商品の発送以外の目的で使うことはありません。
＊ 弊社 WEB サイトからもご意見、ご感想の書き込みが可能です。

明日香出版社ホームページ　https://www.asuka-g.co.jp

ご愛読ありがとうございます。
今後の参考にさせていただきますので、ぜひご意見をお聞かせください。

本書の
タイトル

年齢：　　　歳｜性別：男・女｜ご職業：　　　　　　　｜月頃購入

● 何でこの本のことを知りましたか？
① 書店　② コンビニ　③ WEB　④ 新聞広告　⑤ その他
(具体的には →　　　　　　　　　　　　　　　　　　　　　　　　　)

● どこでこの本を購入しましたか？
① 書店　② ネット　③ コンビニ　④ その他
(具体的なお店 →　　　　　　　　　　　　　　　　　　　　　　　　)

● 感想をお聞かせください　　　　● 購入の決め手は何ですか？

① 価格　　　　高い・ふつう・安い
② 著者　　　　悪い・ふつう・良い
③ レイアウト　悪い・ふつう・良い
④ タイトル　　悪い・ふつう・良い
⑤ カバー　　　悪い・ふつう・良い
⑥ 総評　　　　悪い・ふつう・良い

● 実際に読んでみていかがでしたか？（良いところ、不満な点）

● その他（解決したい悩み、出版してほしいテーマ、ご意見など）

● ご意見、ご感想を弊社ホームページなどで紹介しても良いですか？
① 名前を出してほしい　② イニシャルなら良い　③ 出さないでほしい

ご協力ありがとうございました。

　それは、**英語が話せるようになった人たちは、留学したからではない。海外に住んだからでもない。**ましてや多額のお金を英会話の授業料につぎ込んできたから英語が話せるようになったわけ**ではない**のだ、ということに気づきます。

　英語が話せるようになった人は、みんな、**それぞれ努力をしたのです。**海外に行ったから話せるようになったのではありません。お金をかけたから話せるようになったのではありません。**学習したからなのです。**

　人をうらやむ気持ちを捨て去ったら、不思議なことに英語力が伸びてきました。
　そして、留学帰りや英語圏へ赴任していた人々のお話や知識を興味深く聞き出し、自分の幅を広げることができました。

ポイント
　人と比べない。
⇒　恵まれた環境よりも、本人の「努力」。
⇒　自分で学習したから、英語が話せるのです。

---

10 │ 他人と比べない、 「過去の自分」と比べる

「隣の芝生は青く見える」とはよく言ったもので、人の英語力の上達はよく見えるのに、自分の伸びはちっとも感じられない、といったことはよくあります。

どうしたことか、**英語の伸びは自分の目には見えない**ものなのです。そして、他人と比べてしまう。

「あの人、私より英語の勉強を遅く始めたはずなのに、TOEIC® テストで高得点を取った」
「私よりきれいに話している」
「私には、あの単語の意味、わからない」
などと、どうしても他人の伸びや成長がうらやましくなってしまい、それに加え、自分はあまり上達していないように感じ、落ち込んでしまいます。

でも、意外と逆に他の人からは、あなたの成長は見えていて、その伸びを恐怖に感じています。
他人の成長は見えるけれど、自分の成長は見えないものだと腹をくくりましょう。

他人と比べて落ち込むよりも、自分が歩んできた道を振り返ってみましょう。

Hello. と How are you? しか言えなかった頃、自分の自己紹介がやっとできた頃、それに比べたら、今のあなたはもっと成長しているのではありませんか？　知らず知らずに高いところに登ってきたのではありませんか？

それでいいのです。**たとえ、スピードは遅くとも、少しずつでも上に上がっているのであれば、着実にあなたの英語は成長しています。**

他人と比較するのは、やめて、**過去の自分と比較してみましょう。**

ポイント
「過去の自分」と「今の自分」を比べよう。
⇒　成長している自分に気がつきます。
⇒　あなたの英語は少しずつ成長しています。

11 | 「あの人、変」と言われたら 成功かも

　何かに夢中になっているときは、人目をはばからず集中するものです。

　英語の達人と呼ばれるようになった人は、どこかでいっとき、他人から「え？　あの人、何か変」と思われるような行動をとります。

　例えば、下記はとても有名な英語教育者の話です。

　その当時は、まだインターネットがなかった時代。映画館に洋画を観に行きました。

　洋画を観るのは英語の勉強のためです。映画のスクリプトを手にし、聞こえてくる英語とテキストを照らし合わせて勉強したかったのです。

　ところが、映画は始まると劇場が暗くなります。手元のテキストは見ることができません。

　そこで、彼は、コートを頭からすっぽりと被り、コートの中で懐中電灯を使い、スクリプトを見ながら英語を聞いていました。周りの人から見たら、完璧に変な人です。

　また、別のある英語教育学者は学生時代に英語劇にはまりました。

　せりふをひとり練習するのですが、アパートで大声を出し、何度も練習していました。あまりにも毎日続くので、近所から苦情が入ったようです。

あるとき、大家さんがドアをノックしました。

「昼も夜も変なひとりごとが、この部屋から聞こえるとアパートの住人から言われたのだが、大丈夫かい？」と声をかけられたそうです。

かくいう私も、友人からよく「あなた、ほんとに変な人だったよね」と言われます。

子育てをしながらの英語学習でした。ディクテーションという作業をよくしていたのですが…。

例えば、子どもを体操教室に送って行きます。他のお母さんたちは、ペチャペチャとおしゃべりをしながら時間を過ごしていたのですが、私はひとり、隅っこに行き、ベンチに座り、子どもの体操を見学しながら、イヤホンを耳につっ込み、ノートを膝の上に広げて、ディクテーションをしていました。

電車の中では、たとえ立っていたとしても、ポケットに音源を入れて、耳にイヤホン、手にはノートとペン。必死に英語を書き出していました。完璧に変な人です。

最近はノートとペンがPCに変わったので、どこに行っても時間が空けば、PCを広げ、英語を聞いては、タイプしています。

ポイント

　集中できる人は英語力が伸びる。

⇒　人目を気にせずにできる人は一段と伸びる。

⇒　いつでもどこでも英語にふれる。

12 | 見切り発車をする

「もう少し英語がうまくなってから」

「もう少し英語がわかるようになってから」

「もう少し英語がまともになってから」

…と待っていたら、いつまで経ってもその日はやって来ません。

完璧になるのを待つのは、やめましょう。見切り発車でいいのです。物事は、やりながら、失敗しながら、その道を究めていけばいいのです。

英語が完璧ではないのに、私は英語を教え始めました。生徒たちと一緒に勉強しました。英語がよくわからないのに、ボランティア通訳をかって出ました。失敗し、撃沈したこともあります。

いただく仕事には、No と言わずに引き受けてしまってから悩みました。

人前で話すのは苦手なのに、講演の話を引き受けました。ネイティヴたちに対抗できるような英語力を持っていないにもかかわらず、プレゼンをネイティヴたちの前で、英語でしました。

すべてが見切り発車です。転びながら、それでも起き上がり今まで来ました。

もう一度言います。完璧になるのを待つのはやめましょう。人生は見切り発車でいいのです。

13 | 今からでも決して遅くない

　英語は「学習したい」と思ったときがスタートです。年齢は関係ありません。

　私のスタートは32歳、ひと言もしゃべれないところからでした。40歳からでも60歳からでも英語学習は決して遅くありません。

　いまや人生は100年時代。たとえ80歳から始めても無理なことはありませんよ。むしろ、脳のトレーニングになり、若返りの秘訣となることでしょう。

　本書を手にしてくださっている人が20代、30代だったとしたら、ラッキーですね。人生の一番充実した輝かしいスタートラインに立っています。今日からさっそく英語学習を始めてみましょう。

　英語を話せるようになった人は、きっと学生時代に英文科でたっぷりと英語に触れていたのに違いない。小さな頃から英会話教室に行っていたに違いない。転勤で海外に住んでいたからに違いない。…そう考えていた時代がありました。

　違います！　英語を口から出して練習したから話せるようになったのです。

　今日、今、この瞬間から英語の「音まね」訓練を始めれば、間に合いますよ。

　定年退職なさってから英語学習を始める人もたくさんいます。

153

14 | 出る杭は打たれるけれど、出過ぎると打たれない

　英語学習に限らず、何かがちょっと突出してくると、世の中にはひがみ、人の足を引っ張ろうとする人が出てきます。「出る杭は打たれる」です。

　でも、もうひとつ名言があるのを知っていますか？
「出過ぎた杭は打たれない」のです。
　出る杭は打たれるが出過ぎてしまえば、もう打たれることはない。

　3人の子育てをする専業主婦の私が英語学習を始めたら、それは最初、世間の目は冷たかったです。
「あの人、今さら何を始めるのかしら？」
「今から英語の勉強なんかしたってねえ。使えるところあるのかしら？」
　そんなヒソヒソ声と好奇の目があるのは知っていました。

　でも、私は大人になってから始めた英語の勉強が楽しくて、ちっとも気になりませんでした。仕事につなげようなどということはこれぽっちも考えていませんでした。
　ただ学習している自分が好きでした。**勉強に集中しているときは、違う自分を演じているようで面白かったのです。**

やがて時は経ち、英会話スクールを開講するまでに至ると、陰口を言っていた人たちでさえも私のスクールへお子さんを通わせてくれたり、ご自身も英語を勉強するようになり、スクールに生徒さんとしていらしてくださるようになりました。

何かを極めようとするとき、ネガティヴな反応はつきものなのですね。

ポイント
何か言われても気にしない。
⇒　集中できるものがあると楽しい。
⇒　かつて陰口を言っていた人も、時が経てば理解者に。

---

15 ｜ なりたい自分を想像して

　人生には過渡期が何度となく訪れます。

　いつの時も、**自分はどんな人間になりたいのだろうと考え、「な
りたい自分」**を想像します。

　その中に「英語を話している自分」がいますか？　いたら OK。
やることは簡単です。**「毎日」英語を口から出すことから始め、そ
して「続け」ましょう。**

　すでに英語を話し始めているという人は、その英語力を使って、
何をしたいのかを考える必要があるかもしれません。

　英語を使ってバリバリ仕事をするぞ、という大きな目標でなく
ていいと思うのですよ。もちろん、仕事で使えたらすばらしいで
しょうけれどね。

　海外旅行のとき、ホテルでのチェックインをスムーズにこなし
たり、要望を伝えたり、あるいは現地の人たちとのちょっとした
会話ができたら楽しいですよね。流暢にやり取りしている自分を
想像しましょう。

　日本にいながらにしても使えるところはありますよ。ボランティ
ア活動はいかがですか？

　日本で開催される国際スポーツや国際イベントで、ボランティアをするというのはいかがでしょうか？

　国際舞台を支える一員として働いている自分を描いてみてください。ワクワクしませんか？

　日本にいらっしゃる観光客をボランティアでご案内している団体もあります。

　日本各地にあると思うのですが、ここでは東京にある大きな団体をご紹介しておきましょう。

● TOKYO FREE GUIDE
https://www.tokyofreeguide.org

　訪日観光客をボランティアで、東京近郊にご案内いたします。相手の方と email で相談しながらコースを決め、ほぼまる一日ご一緒いたします。

　ゲストにお会いしてからの交通費、施設への入場料、拝観料、食事代などは、ゲストにガイドの分のご負担もお願いしています。

　ただし、ご自宅からお迎えにあがるホテルまでの交通費、解散してからの交通費は自己負担となります。

　TFG（TOKYO FREE GUIDE）独自の試験（筆記試験、英語、または対応する語学による面接、日本語面接）、オリエンテーションを経てメンバーとなり、活動に参加します。

Part 6

意識改革編

157

● Tokyo Greeters

https://tokyogreeter.jimdo.com

　訪日観光客をボランティアで2、3時間〜半日程度、東京近郊にご案内いたします。

　相手の方とemailでやり取りし、コースを決めるのは、上記TFGの活動と同じです。費用はすべて自己負担、交通費も自分で支払います。

　ガイドではなく、グリート（ご挨拶）するという意味合いが強くなり、「グリーター」という言葉を使っています。お相手は、「ゲスト」ではなく、「ビジター」とお呼びします。

　全世界にグリーターの組織があり、**Tokyo Greeters** もこの世界組織、**International Greeter Association**（IGA）に加盟しています。　https://internationalgreeter.org

　昨今ではオンラインの利用で世界の人たちと簡単につながることができます。私自身も、同じような活動をしているボランティアたちの会議に出席し、世界の人たちと話をしています。

　英語を使っている自分の姿を常に想像しましょう。どんな自分になりたいのか、心に描いていたら、きっとその時はやって来ます。

16 | 「近い目標」と「遠くの目標」を作る

　英語学習は「近い目標」と「遠い目標」の２つを掲げておくと良いです。

　「遠い目標」は決まっていますね。英語を流暢に使いこなし、世界を旅している自分。世界の友人たちと会話している自分です。

　では、「近い目標」は何でしょう？　この近い目標は設定をどんどん変えていく必要があります。ひとつ目標をクリアしたら、次の目標を設定するからです。

・英語を口から出して練習する
・ひとつのかたまりのセンテンスを気持ちよく言えるようにする
・○○さんのように話せるようになる
・英検や TOEIC® テストなどの資格試験を受験してみる
・オンラインで英語圏の人と話をしてみる
・英語圏に旅に出る
・英語圏の友人を作る
・英語を使ったボランティアをしてみる
・英語を使った仕事を探してみる
など。

17 | 落ち込んだときの対処法

　英語に挫折はつきものです。「こんなことをしていて何になるのだろう？」とふと英語の勉強が無駄なように思えてしまうときがあります。そんなときはどうしたらいいのでしょう？

● 洋画、TV の語学番組、YouTube の活用

　今は映画館に足を運ばなくてもインターネットを利用して手軽に映画を観ることができるようになりました。

　主人公と自分を重ねられるような映画が良いでしょう。こんなふうにしゃべれたらいいのにな、と想像しましょう。

　TV の語学番組や YouTube の活用も有効です。世の中には、英語学習の方法を楽しく発信してくれている人たちがいます。そんな人たちの動画を観ていたら、自分もまた英語学習をしてみようという気になります。

● 学習仲間と話をし、お互いに励まし合う

　同じような気持ちに陥っているかもしれません。

　あるいは、そんな気持ちをどうやって乗り越えているのかを話し合ううちに、出口が見えてくるかもしれません。

● 自分と対話を

　これが一番必要かもしれません。いつも戻るところは一緒です。

「あなたはなぜ英語を話せるようになりたいの？」ということを考えるのです。

　なぜ、英語学習を始めたのか、初心に立ち返り、そのときの気持ちを思い出します。

● 自分の歩いてきた軌跡を見つめる

　だいたい落ち込むときは英語の伸び悩みに苦しんでいるときです。自分が少しも上達していないように感じ、イヤになってしまうのです。

　そんなときは、立ち止まり、自分の歩いてきた道を振り返ってみましょう。

　本当に上達していませんか？　Hello も言えなかった頃の自分、簡単なあいさつや自己紹介ができなかった自分、そこから少しも上達していませんか？

　ほら、想像以上に高いところに上ってきた自分がいるのではありませんか？　思い出してください。

　英語学習は階段状に伸びません。長ぁ〜い平坦な道を歩かないといけないのでしたね。

　このプラトー（平坦な場所）を歩いているとき、まるで出口のない暗いトンネルの中に入り込んでしまったような気持ちになり、イヤになってしまうのです。

　光が見えてくるのはもう少しなのに、ここで挫折してしまう人がなんと多いことか。

「今回は違うぞ」「ここでくじけたら、また元の自分に戻ってしまう」「自分を変えたくて始めた英語学習、今回は諦めない」

　そう自分に言い聞かせましょう。

Part 6

意識改革編

18 | 自分の中に自分を励ます、もうひとりの自分を作る

英語学習に限ったことではありませんが、**人生に失敗や落ち込みはあります。**

そんなときはどうしたらいいか？　自分を励ますもうひとりの自分を作るのです。

自分のことをよく知っているのは、やはり自分です。ここで、自分をいじめ、過小評価する自分がいたとしたら、そんな人はどこかに追いやってください。この訓練は必要です。

あなたは前に進む力を持っています。問題を改善する力を持っています。そう自分に言い聞かせましょう。開き直りもありです。

前に進めないのなら、ここで足踏みをしましょう。足踏みをしているうちに一歩を踏み出せるときが必ず来ます。

少しぐらい後戻りしたっていいのです。ほら、高くジャンプするためには、うんと膝を曲げて、姿勢を低くして準備をするではありませんか。

そのとき、苦しいですよね。今はそのときなのです。高くジャンプする前は、こらえないといけないのです。

　気分転換をしましょう。よく「自分探しに旅に出る」と人は言いますが、自分を見失いそうなときは気分転換が必要です。

　さあ、どんな気分転換をしましょうか？　自分と相談です。旅に出る時間がなければ、プチ贅沢をしましょう。普段は買わない高級ケーキを買って食べるでもよし、ビールやシャンパンを飲むのもよし。高価なランチを食べるのもよし。
　頑張っている自分にご褒美をあげるのは必要です。

　私は、花を飾ります。花は人を癒す力を持っていると思うのです。キッチンやトイレ、洗面所などに何気なく花を飾ると、見るたびにホッとし、もう少し頑張ってみようと思えるから不思議です。

　こうして、いつのときも、自分との対話を楽しんでください。出す答えは、いつも一緒ですよ。
「大丈夫だよ。もう少しこのまま続けてみよう」

Part 6

意識改革編

```
ポイント
　誰でも失敗、スランプはある。
⇒　気分転換して、自分にご褒美を。
⇒　低い姿勢があってこそ、高く跳べるのです。
```

19 | 名言、格言、すてきな言葉 を集める

　前向きで、すてきな言葉をストックしておきましょう。行き詰まったときや落ち込んだとき、読み返して元気になるのです。

Have a dream.
夢を持とう。

Where there's a will, there's a way.
意志あるところに道は開ける。

Achieve your goal. You can do it.
目標を成し遂げよ。あなたにはできる。

Pursue your dreams and they'll become your reality.
夢を追い求めよ。そうすれば夢は実現する。

Believe in yourself.
自分のことを信じて。

That's the way.
その調子だ。

The sky is the limit.
可能性は無限だ。（果てしなく続く空。）

Rome wasn't built in a day.
ローマは1日にして成らず。

Practice makes perfect.
習うより慣れろ。（練習が完全をもたらす。）

You are on the right track.
あなたは正しい道の上にいる。

Nothing ventured, nothing gained.
やってみなきゃわからないだろう。
（冒険しなければ、得るものはない。）

Don't think about it too much. Just do it!
あまり考えすぎない。ただやるだけだよ。

Don't be afraid of making mistakes.
間違うことを恐れないで。

Learn from your mistakes.
間違いから学ぶのです。

It is never too late to learn.
学ぶのに遅すぎるということはない。

Tomorrow is another day.
明日があるさ。

Things are looking up.
状況は好転している。

Every cloud has a silver lining.
逆境の中にも希望の光がある。
（どんな雲にも白銀色の裏打ちがある。）

Never give up.
決してあきらめるな。

Be proud of yourself.
自分を誇りに思いなさい。

You are the only one who can improve your English.
あなたの英語を伸ばすことができるのは、あなたしかいません。

ポイント
　前向きな言葉を集めよう。
⇒　スランプのときに読んでみる。
⇒　名言、格言は励みになる。

20 | 語学だけでなく自分も磨く

英語学習は何のためでしょうか？

目的は様々ですが、究極な話、言語を使ってコミュニケーションを取る、ということだと思います。つまり、人と接するということです。

人が相手ですから、英語力以上に大事なことがあります。それは、人間性ということです。

英語力ではさほどでもないのに、なぜか人が寄ってくる、そんな人がいます。

よく観察してみると、簡単な単語を使い、しどろもどろでも一生懸命に伝えようとしています。大抵、こういう人の顔には**笑顔がたくさんあふれています。**近寄るのが怖くないのですね。

半面、流暢な英語を話す人でも、しかめっ面でやたらと難しい単語を並べる人とは、会話をしていても楽しくないので遠巻きになりがちです。

ビジネスでは、強面の場面も必要なのかしれませんが、まずは人間対人間の付き合いですから、気持ちよく接したいものです。

☆ 他人の英語力をバカにしない。

☆ 人種差別をしない。

☆ 笑顔で感じ良く人と接する。

☆ 人を温かく迎え入れ、親切である。

　上記はコミュニケーションの基本です。語学を学びながら、人間性も学んでいきたいものです。

ポイント
　コミュニケーションで大切なこと
⇒　笑顔で接する。
⇒　「語学力」だけでなく、「人間性」も高める。

Part 7

私の英語ストーリー

1 | 人生の過渡期、
自分に誇れるものがほしくて
始めた英会話学習

　私は英語を 32 歳から始めました。

　英文科卒でもなく、海外経験もない私がどうして一念発起して英語学習を始めたのか?

　よく聞かれるのです。「どうして英語を始めたのですか?」と。

　私の年代の日本人は大抵、中学のときから英語を学び始めています。初めて触れる、日本とは違った国の言葉。

　ワクワクして勉強を始めたものの、挫折を感じ始めるまでには、そんなに長い時間はかかりませんでした。ともかく卒業に足りるだけのことを学び、大人になってしまいました。

　英語を話せるようになったらいいなという憧れはずっと持っていたものの、英語はある特定の限られた人だけが得ることができるもの、そんなふうに思っていました。

　人生には、自分の生きてきた道を振り返り、さて、この先はどうやって生きていこう、と考える「過渡期」が何度かやって来ると思うのです。

　さて、その当時、私は専業主婦でした。無職といったほうがいいでしょうか。3 人の子どもを育てるフルタイムマザーだったのです。

　それはそれで幸せではあったのですが…。かわいい子どもたちに囲まれ、不満などあるはずがありません。

　忙しいながらも充実した毎日。でもどこかで世の中から取り残されていくような「焦り」「不安」「孤独」がありました。

　一番下の子が幼稚園に入ったときに、ふと、自分の時間ができたのです。子どもたちが皆、学校や幼稚園に出かけてしまうと、帰って来るまでの数時間、私はひとりになることができます。

　この時間を何に使おうか？　何もせずに気がついたら60歳になっていた…、なんて絶対にイヤ！

　私、今まで何をしてきたのだろう？　何かに一生懸命になって、何かを成し遂げてきた？　スポーツで何かを達成した？　何かこれだけは誇れるというものを持っている？

　受験勉強で必死になったこともなかったし、勉強で頑張って優秀な成績も取ったことはない。お料理がすごく上手というわけでもないし、何の取り柄もない。

　私の人生はこのままでいいのだろうか？
　答えは、No.
　私は自分の生き方に満足していませんでした。

　では、何をする？　今からどうやって生きていく？
　死ぬまでに何かひとつでいいから自分に誇れるものを作りたい。自分が納得する、何か満足のいくものを作りたい。そう思って始めた英語学習でした。

2 | 英会話スクールの授業料が払えない

大人になってから始める勉強。

　誰かに強制されてやるのではありません。テストの成績に怯えることもありません。算数もやらなくていい、社会も理科もやらなくていい。

　英語に対する憧れを追い求めてみたかったのです。英語一教科くらいなら何とかなるのではないか？　そう思ったのです。

　やがて、それは甘い考えだったということに気づかされることになるのですが、ともかく3人の子どもを育てる専業主婦が、次に取った行動は、英会話スクール探しでした。

　しかし、ここで早くも挫折を味わいます。

　英会話スクール、高い！　私は無職。自分の収入がない私にとって、英会話スクールに払う授業料を捻出することはできませんでした。夫に相談するものの、「そんなお金、主婦の君に使う権利はありません」と一喝されて、おしまいです。

　さて、次は何をしたかというと、地域の公民館で行っている英会話サークル探し。月に数千円なら、なんとかやりくりできるでしょう。

　しかし、ここでも挫折を味わいます。

　英会話サークルはいろいろあったものの、良いところがなかなか見つかりませんでした。やっと見つけた納得のいくグループでしたが、難しくて、ついて行くことができません。

　サークルの勉強時間は2時間。10人くらいの学習仲間、老若男女。講師はアメリカ人。エージェントを通すわけではなく、自分たちで直接探してきた講師なので、中間マージンがなく、自分たちで費用を割り勘にすると、比較的安い費用で学べます。

ポイント
・英会話スクールに通えなくても、学ぶ方法はある。
・地元の人たちが集まって学ぶ英会話サークルなども
　身近にあるかもしれません。

3 | ひとことも話せなかった

　さて、公民館の英会話サークルを自分の学習の場所にしましたが、ここで問題が生じます。

　みんなが話している英語がちっともわからないのです。

「しまった！　難しいところに入ってしまった」

　クラスに行き、ただ2時間座っているだけの私がいました。

　アメリカ人の先生に Where do you live? と聞かれても、「？」マークが飛んでいます。

　隣の人がこっそりと、「どこに住んでいるの？」と聞いているのよ、と教えてくれても、今度は、I live in Saitama. が言えません。

　何のカテゴリーに属するか、というクイズを出されます。apples, peaches, strawberries と名前が出され、「果物」と頭の中ではわかっているのに、fruits という単語が出て来ない、というありさまでした。

　そんな英語ド素人からのスタートでした。

「クラスの中で私が一番できない。みんなの足を引っ張ってはいけない」

そう思い、早めに教室に行き、テーブルを並べ、部屋を整えました。

英語が話せない私にとっては、それがせめてものできることだったのです。そのせいか、クラスの人たちは私がそこに座っていてもイヤな顔はしなかったものの、辛い2時間は過ぎていきました。

Part 7

私の英語ストーリー

```
ポイント
・誰でも最初はド素人。
・くじけずに、できることからやっていこう。
```

4 「やめよう!」 あきらめかけたことが何度あったことか

　ここのクラス選びは失敗だったと思い、やめる決心をします。

　ある朝、クラスに行き、リーダーのおじさんに、
「申し訳ありません。ついて行けそうにないので、今日限りでやめさせていただきます」と申し出ます。

　すると、おひげを生やした、ちょっと強面のおじさんはニコリともせずに、
「ダメだよー、あんた。もうやめられないよ。名簿だって作っちゃったし。ダメだよ!」の一喝です。

　当時、小心者だった私は、その一喝に恐れ入り、そのままおずおずと通い続けることになります。

　考えてみれば、みんなの月謝で成り立っているクラス、私が抜けてしまうと、他の皆さんの会費が増えてしまい、かえってご迷惑をかけることになる。
　足を引っ張らないようにいさせていただこう。せめてお掃除と教室の整理整頓でも手伝っていれば、英語はできなくてもイヤな顔はされないかもしれない、と考えました。

しかし、相変わらず、ちんぷんかんぷんな会話は続き、たまに
ふられる質問に大慌てで汗をかきまくる始末です。

みんなが話す英語を聞いて、ただ「すごいなぁ〜、あんなふう
にしゃべれたらいいなあ〜」と思うばかりでした。

英語学習を始めてから、やめよう、と思ったことが何百回、何
千回とありました。

でも、**結局はやめずに来たから今があります**。英語奮闘はこの
後も続くことになります。

ポイント

・「やめようかな」と思うときが誰にでもある。

・「細く長く続けること」が英語上達につながる。

---

5 | NHK ラジオ講座との出会い

　そんなとき、クラスメートのひとりが声をかけてきました。
「確かにあなたが一番話せないから、一緒に勉強しない？」と言っ
てくれたのです。

　公民館のクラスでは、特にテキストというものがなく、皆、そ
れぞれにトピックを持って来て、それについてディスカッション
していました。
　会話について行けない私は、ひきつった笑顔だけは上手になり
ましたが、英語がわかるようになるには、程遠いと感じていたと
きでした。

　そこで、**テキスト決めから入りました。NHK の「ラジオ英会
話」という番組があり、それをお互いに聞き、週に一度、ダイア
ログの練習をしましょう、ということになったのです。**
　基礎もわからない私がいきなり「英会話」だなんて、ちょっと
敷居が高かったのは事実ですが、相手に迷惑をかけてはいけない
と思い、必死で練習しました。

　これが私と NHK ラジオ講座との真剣な出会いでした。それま
でも NHK の英語講座があることは知っていましたし、何度かテ
キストを手にしたことはありましたが、続いたことはありません
でした。

　学習仲間ができたことにより、続けることができるようになりました。英語の基礎ができておらず、いきなり日常会話から入って大丈夫だろうかという不安はありました。

　今から考えると、むしろ、**生活に密着した会話から始めることで、英語を習得してこられた**と思います。

ポイント
・NHK の講座で身近な日常会話を聞くことができる。
・学習仲間ができると、一緒に続けられる。

6

口を動かして練習
⇒ これが英会話学習の究極の練習法!

　公民館のクラスが終わったあと、そのまま公民館のロビーに残り、おにぎりをほおばりながら、前週のダイアログを役者になり切って言い合います。テキストは見ないで言えるようにしてくるのが約束でした。

　お相手の彼女はすでに日常会話ができていましたので、テキストのスキットを覚えてくるのは、そんなに苦労はしません。

　しかし、私はといえば、朝から晩まで暇さえあれば、イヤホンを耳に入れ、録音した番組を聞きながら、英語を口から出していました。そうしないと覚えられないのです。

　キッチンでお茶碗を洗いながらブツブツ、

　洗濯物を干しながらブツブツ、

　掃除機をかけながらブツブツ、

　自転車に乗りながらブツブツ、

　スーパーで買い物かごをぶら下げながらブツブツ…。

　外から見たら、完璧に変な人です。いつも口をパクパクと動かしていましたから。

　しかし、今、振り返ってみると、**これが究極の英会話学習法**でした。今までこの方法をやってこなかったから英語が話せるようにならなかったのだと、あとで知ることになります。

　何度も何度も聞き、そっくり同じようになるまで練習したので、脳の中には音声が鳴り響くようになりました。

　声の上がり下がりの調子や、間の取り方までコピーするようにしました。**覚えたのではありません。まねをしたのです。**カラオケの練習と同じです。音を何度も聞き、すっかり同じになるまで練習です。

　これさえしっかりやれば、英語は誰でも話せるようになるのです。**文法の勉強や穴埋め、文章構文の理解は、「音まね」ができるようになってからです。**

　ここを飛ばして先に机上の勉強からスタートするところに無理があったのだと気づかされました。

ポイント
・何度も聞いて、ひたすら「まね」して声に出す！
・ちょっとした時間も「口を動かす」練習を。

7 | 時間の捻出！
テレビやお茶飲みをやめ、
テニスもやめた

　英語の学習をするには、もちろん英語と向き合う時間が必要です。あらゆる隙間という隙間時間は活用しましたが、さらに英語学習の時間がほしくなりました。

　学生時代に優秀だったわけではなく、受験勉強をしたわけでもなく、何かに真剣に取り組んできたこともなかった私が、人生で初めて、何かに真剣に取り組んでみたいと思うようになったのですから不思議です。

　その背景には、いつも、「自分は今まで何もしてこなかった。何も満足いくまで達成したものがない。このまま人生の終盤を迎えるのは絶対にイヤだ」という思いが隠れていました。

　さて、ぼーっとしていても一日は過ぎていきます。ましてや、子どもを３人抱えているとなると、自分の時間はほとんど皆無なのは、育児を経験されたことのある方ならわかっていただけると思います。

　さて、時間をどこで捻出しましょうか。

まず、ご近所の方との立ち話をやめました。

近所とのコミュニケーションを図るのも大切です。ゴミ捨てに行きながら知り合いと会えば、ちょっと5分、10分ぺちゃくちゃしてしまいます。結果、家事が遅れます。立ち話を一切やめました。

ご近所の方とお会いしたら、思いっきりの笑顔で「おはようございます。今日は寒いですね／暑いですね／良いお天気ですね／良く降りますね」でおしまい。そそくさと家に引き返します。

お友だちとのお茶会、ランチをやめました。その結果、一時期、ランチに誘ってくれるお友達がいなくなったことがあります。

テレビを観るのをやめました。テレビは何気なく観ていると時間が経つのが早いのです。あっという間に1時間は過ぎてしまいます。

究極は、それまで毎日のように楽しんでいたテニスをやめました。ラケットをペンに変えたといえば文学的ですが、これには自分でもびっくりです。

今でもテニスは好きですし、やりたいと思いますが、もうかれこれ30年近くラケットを手にしていません。

Part 7

私の英語ストーリー

ポイント
・一日の時間を有効に使おう。
・「スキマ時間」の積み重ねで、力がつきます。

8 | 朝4時起きして、ディクテーションを日課に

　時間の捻出を工夫してきましたが、あるとき、さらに時間がほしくなったのです。

　育児中は、子どもたちが学校から帰って来たら、もう自分の時間はないようなもの。洗濯物を取り込み、夕飯の支度をし始める頃には、一日が終わってしまいます。

　そこであるとき、**早起き**をしてみたのです。すると、今までとは違った時間の流れがそこにあることに気づきます。

　電話も鳴らない、ピンポーンも鳴らない、「お母さぁ～ん」と呼ばれることもない、**とても静かな自分だけの極上な時間です。**

　ひとりでコーヒーを飲みながら、この時間帯を英語学習にあてることにしました。

　4時から5時半まで**集中してディクテーションをします。**前夜に録音しておいたNHKの英語講座を聞き、番組に入っている講師とネイティヴスピーカーとのおしゃべり部分を書き出していきます。テキストには載っていない部分です。

　のちにパソコンにタイプし、出来上がったディクテーション原稿を、あるメーリングリストのサイトに投稿するようにしました。そこには、同じ英語番組を聞いている人たちが集まるフォーラムがあったのです。

　毎朝、5時半までに仕上げて原稿を送ります。もちろん完璧ではありません。わからないところや間違いもたくさん含まれていました。

　私は自分の学習をさぼらないようにするために、**このディクテーションノートを仕上げ、メーリングリストに投稿することを日課としたのです。**すると、とんでもないことが起こり始めました。

　私が送った原稿をチェックし、間違い部分を修正し、わからない部分を加筆した原稿が戻ってくるようになったのです。それもひとりからではありません。

　午前7時くらいまでには、何人もの人から修正原稿が届くようになりました。みんな、出勤前に私の不完全ノートに目を通し、手を加えてくれるようになったのです。

　私はそれらを集約し、**メルマガ**として完成原稿を配信するようにしました。英語学習仲間との合作ディクテーション原稿を読んでくれる読者は、またたく間に数百人を超え、数千人となりました。

　こうして**日本全国に英語学習者がいるということは、私にとって力強い励みとなりました。**

　今でも彼らには深く感謝しています。彼らなしでは今の私は存在しなかったことでしょう。

ポイント
・早起きすると勉強に集中できる。
・NHKの英語講座を聞いて学習している仲間は全国にたくさんいます。
・仲間ができれば、さらに励みになる。

Part 7

私の英語ストーリー

9 　子どもに英語を教え始める

　数年が経ち、さらに英語力を伸ばしたくなりました。

　さて、どうしたものかと悩んでいたときに、あるアメリカ人の知人から「子どもに英語でも教えたらいいんじゃない？」と言われました。

「英語を教える？　私が？　とんでもない！　英語を教えるのはネイティヴである、あなた方の仕事でしょう？」

　当時、私は、いわゆる「ネイティヴ神話」とでもいう考えを持っていました。英語を習うのなら英語圏出身の先生から、と思い込んでいたのです。

　日本人でも留学や海外歴が長く、ネイティヴ同然の英語力を持った人が英語講師になるのだ、とばかり思っていたのです。私のような中途半端な英語力を持った者が教えるなんてとんでもないと。

　ところが、そのアメリカ人の彼女はこう続けました。

「確かに私はネイティヴ・イングリッシュ・スピーカーだけれども、日本語が話せたらどんなにか教えるのが楽だろうと思うの。一生懸命に英語で説明しても生徒がわからないときは、ほんの少しでも日本語が話せたらすぐに理解してくれるだろうに…と思うの。あなたは発音もきれいだし、子どもたちに教えてみたら？」

　これが大きな転機となりました。背中を押してくれたアメリカ人女性に感謝です。

　自分の子どもと近所の子どもたちを対象にレッスン開始です。口コミで生徒は増えていき、気がつくと毎日レッスンしている自分がいました。

ポイント
・英語を教える経験が大きな転機に。
・子どもに英語を教えながら、自分も毎日レッスン。

10 | 人に英語を教えながら、実は私が一番学んでいた

　子どもに英語を教え始める、これは別の意味で自分自身を英語学習から逃れられない道へ追い込む方法でもありました。

　人に英語を教えるなら自分が勉強しなくては、と真剣さはより増しました。子どもたちに日本語なまりのアクセントをつけた英語を身につけさせてはいけない、と発音にも十分気をつけました。

　この頃には、「音まね」の手法が身についていましたので、**モデル音声を徹底的にまねることで発音矯正をしました。**
　単語ひとつひとつの音をとり、忠実に再現し、しっかりと練習してから子どもたちと一緒にさらに練習しました。

「バナナ」じゃなくて「バ**ナァ**〜ナ」
「サラダ」じゃなくて「**サ**ラ**ドゥッ**」
「ビューティフル」じゃなくて「**ビュ**〜リフォォ〜」

　英語教授法が書いてある本も読みあさり、週に一度、1時間のレッスンをするのに、まるまる1週間かけて準備をし、レッスンに臨みました。
　しかも、英語を教えるのに、日本語で教授法を学んで何になるのだろう？と自分に疑問を投げかけ、英文で教授法を読みまくりました。

11 | 英語講師たちの会に入るも脱落しそうに…

さらに教授法を学びたくなった私は、講師仲間を求め、ある組織に入りました。

ネイティヴ・イングリッシュ・スピーカーたちが多く所属している「NPO法人、JALT（The Japan Association for Language Teaching）、全国語学教育学会」です。

英語テキストの著者なども存在します。日本で英語を教えている人たちの組織で、こんなにも日本の英語教育に熱心な人たちが集まっている場所があるのだ、とその存在に感動したものです。

しかし、私はここで大きな課題を抱えることとなります。彼らの話す英語がわからないのです。

会議はすべて英語で行われます。出席している日本人講師ですら、日本語は使っていません。すべて英語でやり取りしています。

私は英語を教えている自分が恥ずかしくなりました。帰って来て、自分のふがいなさに情けなくなり大泣きします。

「こんなことでは恥ずかしくて、英語を教えているなんて人に言えない。もうこの会合に出て行くのはやめよう」

しかし、今、ここでやめてしまったら、また元の木阿弥になる。自分は、今まで何も成し遂げてきたものがない。このままやめたら、また普通の何の取り柄もない自分に戻ってしまう。

「自分を変えたくて始めた英語、ここでやめていいの？」
　そう自問自答を繰り返しました。
　―答えは No です。

　そこで、重たい足を引きずりながら出席した支部会で、自らそのグループでの役員をかって出ます。

　当時、ちょうど新年度の役員決めをしているところでした。「誰か役員をやってくれる人は？」との声に、自分の手を挙げていたのです。この行動には、自分でも驚きました。

　役員になったからには、会合をさぼるわけにはいきません。イヤでも出て行かなければいけないのです。
　こうして、また**逃げられない道へと自分自身を追い込む**私がいました。

ポイント
・英語教育者の組織に参加し、視野を広げる。
・逃げられない環境に身を置く。

---

12 | 恥をかいた分、
失敗した数だけ上達する

英語に失敗や恥はつきものです。

実は、恥をかいた分だけ上手になります。失敗した数だけ上達するのです。

私もたくさん失敗もし、恥もかきました。

あるスポーツの国際試合でボランティア通訳をしていました。たまたまVIP付きの通訳を仰せつかりました。

普段は、コピーをしたり、お茶を用意したり、車を手配したりの仕事だったのですが、何を間違ったのか、その週、会議室に一緒に入れと言われたのです。きっと書類を整えたりするのだろうと、あまり深く考えずに会議室に入ります。

すると、なんと、そのVIPの通訳をするということになりました。

ここで冷や汗をかくことになります。

ヨーロッパ人役員の発言を日本語訳して逐次通訳をすることになったのです。そのヨーロッパ人に「原稿をください」とお願いしてみるものの、「原稿はない」と言われます。

さて、私が通訳をしなければいけない場面が訪れました。最初はそんなに難しいことではなかったので順調に進むものの、つい

191

にその瞬間がやって来ました。とあるセンテンス、言っていることの意味がわかりません。焦りました。

恥を忍んで、「もう一度おっしゃっていただけませんか？」とささやきました。もう一度聞くものの、やはり理解できません。頭の中は真っ白、顔は真っ青だったと思います。

テレビでも観たことのあるような業界の有名人も座っている大事な会議でした。その会議室で、通訳がストップしてしまったのです。

固まっている私を察した大会役員の方が、すかさず助け舟を出してくださいました。「テクニカルなことですので、ここは僕のほうから説明させていただきます」

時間にしてわずか数秒の出来事だったかもしれませんが、私にとっては、その時間が数時間にも感じられ、その後、その部屋に座っているのがいたたまれず、穴があったら入りたいとは、まさしくこのことだ、と恥ずかしさでいっぱいになったのを今でも思い出します。

会議が終わるとすぐさま助け舟を出してくれた大会役員に頭を下げに行きます。
「申し訳ありませんでした。ありがとうございます」
その役員は、「僕たちは特殊用語を使っていますからね。あなたにわからなくても当然ですよ」と笑い飛ばしてくれたものの、私の心の中には大洪水が起こっていました。一晩、泣き明かします。

　翌日からは、このヨーロッパ人が会議に臨む前に、「原稿がないのはわかっています。今日は会議でどんなことをお話になるか教えていただけませんか？」とお願いしました。

　会議が始まり、ふと気づくと、その役員はメモをテーブルの上に置き、それをもとに話をしていました。
「それ、それ！　そこに原稿があるじゃないの。私がほしかったのはそれよ」と思いましたが、こうして、**どんな内容のことを話すのか少しでも事前に情報収集していることが、大きな違いを生む**のだということがわかったときでもあります。

　失敗はまだまだたくさんありますが、私が今でも一番胸を痛めている通訳失敗談でした。
　いまだに、通訳ができなくて苦しんでいる夢を見て目が覚めることがあります。

Part 7

私の英語ストーリー

ポイント
・数々の「失敗」を経て、英語は上達する。
・多くの「体験」が糧になる。

---

13 | 自分を逃げられない状況に 追い込む

　英語学習は自分との闘いです。いかに続けるかは自分自身にかかっています。

　特に大人になってからの学習は、誰かに強制されてやることではないために、サボろうと思えばいくらでもできてしまいます。あれこれと言い訳を考えて、自分を緩やかな居心地の良いところへと追いやってしまいがちです。

　考えてみたら、自分自身で逃げられない状況を作り出し、そこに身を置くことで歩み続けてくることができました。

・英語の勉強をサボらなくするために、仲間を作った。

・英語の勉強をサボらなくするために、ディクテーションノートをインターネット上のフォーラムに発表した。

・英語の勉強をサボらなくするために、ディクテーションノートをまとめてメールマガジンを発行するようになった。

・英語の勉強をサボらなくするために、子どもたちに英語を教え始めた。

・さらに上達させるために、講師たちの集まりに顔を出すように
した。

・英語もわからないくせに、役員をかって出た。

・ボランティア通訳をするようになった。

　その時々で、精一杯の道を探し続けてきました。背伸びをして
きました。
　諦めそうになったときには、いつも自分に問いかけました。

「このまま終わってしまっていいの？」
　－　いつも答えは No だったのです。

ポイント
・英語上達は自分次第。
・挫折しそうになったら、自問自答して原点に。

---

14 | 日本にいながらにして英語を学ぶ決意

　NHK の英語講座を中心に勉強をしてきました。

　英語圏に行きさえすれば、英語は話せるようになるのに、とかつては思っていました。英語圏に留学したり、住んだりしたことのある人を羨ましいと思ってきました。

　でも、日本にいながらにして少しずつ話せることを実感してくると、**「私は日本にいながらにして英語をものにする」**と決心するようになります。

　姉妹都市交流事業に参加し、通訳のまねごとをしていると、「今度はあなたがアメリカにいらっしゃい」と声をかけてもらうようになりましたが、私は、日本で英語を上達させると決めていましたので「そうですね。そのうちに行かせていただきます」と返事をしながら、少しも行こうとはしていませんでした。

　姉妹都市交流事業に携わって8年が経った頃、ある1通のメールが届きました。そこにはこんなことが書かれていました。

　「今年も日本からここアメリカに訪問団がやって来ます。例年、アメリカに住んでいる日本人に通訳をお願いしているのだけれど、今年はうまいこと人が見つからない。あなたが訪問団に混じってやって来て、助けてくれないだろうか？」

　困っているなら行かなければ、と動き出したのですが、あとでふたを開けてみると、どうやらこれは仕組まれたお願いメールだったということがわかります。

　オレゴン州ローズバーグ市の姉妹都市交流協会で会議が行われました。

「さなえにオレゴン州に来てもらいたいけれど、普通に『いらっしゃい』と言っただけでは彼女は来ないだろう。でも、この理由なら、きっと彼女は動く」

　そう話し合いがもたれたのだそうです。

　この作戦にはまんまと引っかかりました。

「日本にいながらにして英語を学ぶ、海外には行かない」という決心が崩れた瞬間でもありました。英語学習を始めてから20年近く経っていたと思います。パスポートもとうの昔に切れていたので新しく作ったのを覚えています。

　しかし、のこのこと行ったものの、私はここでも、それまで培ってきた自信を打ちのめされるような出来事に遭遇することになるのでした。

　本場アメリカの英語は容赦がありませんでした。通訳として行ったにもかかわらず、わからない場面に多く遭遇します。

　あらかじめ原稿をいただいているものは何とかなるものの、とっさに通訳が必要になると、詰まってしまう自分がいました。

　森林学者が説明してくれる英語がちっとも理解できず、隣に座っているアメリカ人に「今、何て言ったの？　これってどういう意味？」と聞きながら、難しい英語を簡単な英語に直してもらい、その英語を日本語にする、という珍道中の通訳が続きました。

　友好のための交流事業だったからそれが許されたものの、プロの通訳者たちは、この難しい作業を瞬時にやってのけるのだなと、先の遠さに打ちひしがれました。

Part 7

私の英語ストーリー

15 | TOKYO FREE GUIDE との出会い

　英語の講師たちの集まりでの英語は何とか理解できる。

　姉妹都市交流事業でも、顔見知りや慣れ親しんだ人たちの英語は理解できる。

　それは、こちら側の実力を把握している人たちが、私の英語レベルに合った英語で話しかけてくれるからでした。

　少しぐらいコミュニケーションが取れるようになったからと言って、どんな人とでも会話ができるかといったら、まったくそんなことはありませんでした。

　日本にいながらにして、この先、どうやって自分の実力を伸ばしていったらいいのだろう、と思ったときに、**TOKYO FREE GUIDE** という団体と出会いました。東京に観光で訪れる人たちをボランティアでご案内して歩く、ということをしている団体です。

　この団体との出会いも私を変えてくれる大きな転機となりました。

　休日を使い、世界各地から日本にいらした人たちと会い、一緒に歩くことで、日本人の英語に慣れていない、容赦のない英語と触れ合うことになります。

　英語圏からいらした人の英語はなんとか理解できても、スペイン語圏、イタリア語圏、中近東などからいらした方々の英語に苦労します。

そうこうしながら、**一番大事なのは言葉ではない、「心」を通い合わせることのほうが大切。人とコミュニケーションを取るには語学よりも大事なことがある**ということをこの団体から学ぶことになります。

その後、この団体は、世界的な組織とつながる Tokyo Greeters という新団体も立ち上げます。

今は、この世界的な組織の中での会議に参加するようになり、新たな挑戦もしています。世界会議の中でいかに発言していくかが課題となっているのです。

Zoom を利用し、各国から人が集まり、ボランティア活動のことを話し合っているのですが、80 名ほどが参加する会議の中で、私の PC 画面に「ミュート解除」の依頼が入ります。つまり、「次の発言の順番だよ」という合図です。

世界の会議で発言する機会ができるなんて、英語の勉強を始めた頃に考えたでしょうか？　英語への挑戦はまだまだ続きそうです。

Part 1

私の英語ストーリー

ポイント

・英語を通して、外国の人々との「出会い」が増える。

・日本にいながら世界とつながる機会は様々。

16 | あきらめない、続ける

　英語学習をなさっている皆さん、これから始めようとしている皆さんへ伝えることがあるとしたら、それはひとこと **「あきらめないで続ける」** ということだけです。

　これは英語学習に限らず、人生すべてに通じることなのかもしれません。

　継続は力なり、とはあまりにも言い古された言葉かもしれませんが、世界の偉人たちも何かを継続してきたからこそ、その栄光を手に入れてきたのでしょう。

　でも栄光が手に入らなくてもいいではありませんか。**ひとつのことを続けている自分を誇りに思う、それだけでいいのです。**

　続けていくにあたっては、山あり谷あり、いばらの道あり。でも、その過酷な道の中にでさえも、ふと立ち止まると、きれいな花は咲いていることに気づきます。

　もう歩けない、とうずくまっていると、「さあ、一緒に歩きましょう」と手を指し伸ばしてくれる人が現れます。思いがけないご褒美が転がっていることもあるのです。

もう一度まとめます。

☆ コツコツと続けましょう。

☆ 英語は数ヶ月ではものになりません。数年、数十年かかると腹
をくくりましょう。

☆ 「近くの目標」と「遠くの目標」を設定しましょう。

☆ あきらめそうになったら、「ここでやめていいの？」と自分に問
いかけましょう。

☆ あきらめそうになったら、自分を励ます、もうひとりの自分に
登場してもらいましょう。

5年後、10年後、今とは違った自分に出会うために、今日のこ
の瞬間を大切にしましょう。

ポイント
・ひたすら「練習」、ひたすら「継続」。
・「将来の自分」を想像しよう。

Part 7 私の英語ストーリー

17 | 実に簡単なことの積み重ねが大きな違いを生む

　英語学習は、実はそんなに難しいことではないのかもしれません。
　難しいのは、自分を律して「続ける」ことなのでしょう。
「小さな簡単なことの積み重ね」で英語は習得できます。

☆ モデル音声をまねする。

☆ 毎日の練習が鍵となる。

☆ 暗記ではありません。口を使った練習です。

☆ 怠けない自分を作る工夫。

☆ 完璧な英語を話す必要はありません。間違い英語、大歓迎です。

☆ 他人と比べない。過去の自分と比べる。

☆ 他人をマイナス部分も含めて認める。

☆ 他人の良いところを称賛する。

☆ コミュニケーションの基本は語学ではなく、人間性です。

　一見、語学学習とは関係ないようにも思えることでも、実は、世界の人たちと交流していくうえで非常に大事な要素がたくさんあります。

語学はコミュニケーションのツールです。ツールを磨くためには、人間性も磨いていく必要があるということですね。

　最後までお読みくださり、ありがとうございました。

著者
川本佐奈恵（かわもと・さなえ）

32 歳から NHK のラジオ講座などで英語学習を始める。英文科卒ではなく、海外留学の経験もなし、ゼロからのスタートだったが独自の「音まね」で英語学習を続けることで、ナチュラルな英語を習得。
現在は英会話スクール English Time 代表、NPO 法人 TOKYO FREE GUIDE 理事長などを務め、翻訳、通訳などのかたわら全国で講演活動を行うなど、英語を学ぶ人にエールを送り続けている。

著書に『ゼロから驚くほど話せる！英会話「音まね」レッスン』（旺文社）、『ゼロからスタート英語ボランティア 観光ガイド編』（J リサーチ出版）、『CD 付 プラス 1 文 英会話』（コスモピア）、『NHK の英語講座をフル活用した簡単上達法』『英語をモノにする 7 つの音読メソッド』（ベレ出版）、『CD BOOK 英語が話せる！聞こえる！音をまねするトレーニング』（明日香出版社）などがある。

＜校正協力＞
志村清四郎
Tracy Brown
Anne Soder

NHK の英語講座だけで驚くほど英語が話せる勉強法

2021 年 3 月 22 日　初版発行
2024 年 3 月 25 日　第 9 刷発行

著　者　　川本佐奈恵
発行者　　石野栄一
発　行　　明日香出版社
　　　　　〒 112-0005 東京都文京区水道 2-11-5
　　　　　電話 03-5395-7650
　　　　　https://www.asuka-g.co.jp
印　刷　　株式会社フクイン
製　本　　根本製本株式会社

©Sanae Kawamoto 2021 Printed in Japan
ISBN978-4-7569-2137-6
落丁・乱丁本はお取り替えいたします。
内容に関するお問い合わせは弊社ホームページ（QR コード）からお願いいたします。

365日の日常英会話フレーズブック

長尾和夫　アンディ・バーガー

1月1日から12月31日まで1年間の日常生活を通して、身近な英語表現を学べます。1日1ページずつ、「ダイアローグ」「今日のフレーズ」「Words&Phrases」を学習しながら、ネイティブがよく使う会話表現が身につきます。音声ダウンロード付き。

本体価格 1900 円＋税　B6 並製〈408 ページ〉2020/12 発行　978-4-7569-2124-6

 ## 英語が話せる！聞こえる！音をまねするトレーニング

川本佐奈恵

384のセンテンスを「音まね」して会話のトレーニングができます。1日5分、まずは3ヶ月間、練習しましょう。「文字で読んだら簡単なのに、話せない」状況から抜け出し、「話す・聞く」に自信がつきます。

本体価格 1600 円＋税　B6 変型〈236 ページ〉2015/12 発行　978-4-7569-1810-9

 ## イギリス英語フレーズブック

ジュミック今井

イギリスへ旅行したり、留学・転勤などでイギリスで生活する人たちが日常の様々なシーンで使える会話表現集。色々な場で使える会話フレーズ（2900）を場面別・状況別に収録。CD 3 枚付き（日本語→英語収録）

本体価格 2700 円＋税　B6 変型〈392 ページ〉2018/01 発行　978-4-7569-1948-9

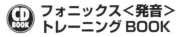 **フォニックス＜発音＞
トレーニング BOOK**

ジュミック今井

英語のスペルには発音する際のルールがあります。母音の読み方、子音の読み方、文中に母音と子音があるときなど、いくつかのルールがあり、その中でも知っておくべきルールを丁寧に説明していきます。

本体価格 1500 円＋税　A5 並製　〈252 ページ〉　2005/02 発行　4-7569-0844-6

**ドリル式フォニックス
＜発音＞練習 BOOK**

ジュミック今井

『フォニックス＜発音＞トレーニング BOOK』のドリル編。フォニックスの発音を徹底的にトレーニング。中学レベルの英単語を盛り込むので、単語のおさらいにもなります。これでネイティブの発音になれる！

本体価格 1600 円＋税　A5 並製　〈272 ページ〉　2009/09 発行　978-4-7569-1328-9

**＜フォニックス＞できれいな英語の
発音がおもしろいほど身につく本**

ジュミック今井

フォニックスの基本ルールを学んだあと、英語でよく使う 60 のフレーズについて「フォニックス分解」を行い、フレーズの中でどのルールが使われているのかを確認しながら練習。リズムに乗せて発音を練習しましょう。

本体価格 1800 円＋税　A5 並製　〈304 ページ〉　2012/07 発行　978-4-7569-1563-4

**たったの 72 パターンで
こんなに話せる中国語会話**

趙 怡華

「〜はどう？」「〜だといいね」など、決まった基本パターンを使い回せば、中国語で言いたいことが言えるようになります！　好評既刊の『72 パターン』シリーズの基本文型をいかして、いろいろな会話表現が学べます。

本体価格 1800 円＋税　B6 変型　〈216 ページ〉　2011/03 発行　978-4-7569-1448-4

**たったの 72 パターンで
こんなに話せる韓国語会話**

李 明姫

日常会話でよく使われる基本的なパターン（文型）を使い回せば、韓国語で言いたいことが言えるようになります！　まず基本パターン（文型）を理解し、あとは単語を入れ替えれば、いろいろな表現を使えるようになります。

本体価格 1800 円＋税　B6 変型　〈216 ページ〉　2011/05 発行　978-4-7569-1461-3

**たったの 72 パターンで
こんなに話せる台湾語会話**

趙 怡華

「〜したいです」「〜をください」など、決まったパターンを使いまわせば、台湾語は誰でも必ず話せるようになる！　これでもうフレーズ丸暗記の必要ナシ。言いたいことが何でも言えるようになります。

本体価格 1800 円＋税　B6 変型　〈224 ページ〉　2015/09 発行　978-4-7569-1794-2